국토교통부 소관 전문자격시험 공인중개사 대비

현직 사무관이 알려주는
공인중개사
초단기합격 공부법

현직 사무관이 직접 전수하는
초단기 동차합격을 위한 가장 쉬운 공부법

머리말

　이 책은 내가 지난 10여 년간 공인중개사 시험을 비롯하여 고시, 공무원 시험, 기사시험 및 각종 자격시험 등을 합격하면서 얻은 노하우에 대한 엑기스들을 모아, 공인중개사 시험의 합격이 절실한 수험자들을 위해 이 시험에 맞게 최적화한 수험 지침서이다.

　공인중개사 커뮤니티나 단체 카톡방 등을 보면 아직도 자신만의 스타일이라면서 비효율적이거나 잘못된 방법으로 공부하고 있는 사람들을 흔히 볼 수 있다. 그런 모습을 볼 때마다 많은 분들께 더 좋은 방법을 소개해주고 싶은 의지가 불타올랐고, 결심 끝에 그간 모아 놓은 아이디어를 체계적으로 정리하며 책으로 출간하게 되었다.

　비단 나의 경험과 노하우뿐만 아니라 그간 출간된 저명한 공부법 책들과 유튜브 영상 등을 분석하고, 거기서 뽑아낸 유용한 내용들을 벤치마킹하여 이 시험의 수험자들에게 도움 될 수 있는 것들을 최대한 수록할 수 있도록 노력하였다.

　사실 나는 원래 학창시절에 공부를 잘했던 사람이 아니었다. 오히려 이 책을 읽고 있는 여러분이 고등학교 때까지 나보다 공부를 더 잘했을지도 모른다. 나는 고3 때 수능 시험에서 반타작을 했고, 당시에 대학 입학을 포기했었다. 공부에 흥미가 없었기 때문이다. 공부를 잘 하지 못했음에도 운 좋게 취업을 할 수 있었던 나는 어떤 계기로 직장에 다니면서 공부를 시작했고, 이후 좋은 공부법을 터득해 행정고시를 비롯한 다양한 시험에 합격할 수 있었으며, 이제는 누군가에게 당당하게 공부법을 알려줄 수 있는 수준이 되었다.

이처럼 공부는 결코 타고나는 것이 아니라는 말을 하고 싶다. 나처럼 학창시절에 공부를 등한시했을지 모르는 여러분도 얼마든지 어려운 시험에 합격하고, 더 나은 경지에 오를 수 있다고 생각한다.

부디 이 책의 독자분들께서는 내가 수험생활을 하며 지나온 여정 중에 얻은 유용한 것들을 십분 습득하여 더 이상 시행착오를 겪지 않으시길 바란다.

또한 합격이란 결과가 주는 만족을 넘어, 여러분 스스로 한 단계 더 성장하고, 자신이 설정한 목표를 달성했다는 만족감과 성취감, 그리고 대견함을 느끼실 수 있기를 바라며, 이 시험을 넘어 그 다음 목표와 다음 단계의 세상을 바라볼 수 있도록, 여러분의 오늘보다 나은 내일을 위해 이 책을 바친다.

마지막으로 항상 나를 격려해주시는 부모님, 언제나 나에게 힘을 주는 내 사랑 엘리, 이 책을 적기에 출간할 수 있도록 많은 도움을 주신 법률저널 이명신 팀장님, 반달문의 교재를 수록할 수 있도록 허락해주신 문석환 대표님, 그리고 그밖에도 나를 응원하고 도와주신 많은 분들께 진심어린 감사의 말씀을 전한다.

2025년 3월 신동민 올림

목차

제1장 공인중개사 및 시험 소개

- 공인중개사, 그리고 이 직업의 장점 — 2
- 공인중개사 시험 개요 — 3
- 공인중개사 시험의 난이도 — 5
- 원서접수 — 6
- 나의 합격수기 — 7

제2장 여러분의 운명을 바꿀 두 가지 공부법

01 | 탁월한 공부법이 필요한 이유 — 14

- 나의 공부 스토리 — 14
- 왜 이 시험이 생각보다 더 어렵게 느껴질까 — 18
- 왜 다른 책이 아닌, 이 책을 봐야 하는가 — 21
- 완전한 공부법? 그러나 불완전한 우리들 — 24
- 왜 효율적이고 흥미로운 공부법이 필요한가 — 25

02 | 공부법 개괄 — 28

- 공부법 개괄-여러분의 운명을 바꿀 두 가지 공부법 — 28
- 처음에는 편하게 읽으면 된다 — 33

03 | 강의기출법　　　　　　　　　　　　34

- 강의기출법의 기본적인 회독 요령　　　　　　34
- 강의기출법의 1회독 방법　　　　　　　　　　36
- 강의기출법 2회독　　　　　　　　　　　　　40
- 강의기출법 3회독과 그 이후　　　　　　　　44
- 암기장 만들기　　　　　　　　　　　　　　　46
- 강의 듣는 법　　　　　　　　　　　　　　　49
- 기본강의 들은 직후 기출 보는 타이밍　　　　51
- 기본강의를 듣고 나서 기출문제가 풀리지 않는 경우　52
- 기본강의만으로 족하다　　　　　　　　　　　54
- 혹시 기본강의가 아닌 다른 강의는 안 되는 것인가　56
- 인강 평생 환급반　　　　　　　　　　　　　57
- 학원을 선택할 때　　　　　　　　　　　　　58
- 기출문제의 중요성　　　　　　　　　　　　　59
- 왜 출제위원은 기출문제를 응용해서 다시 출제하는가　61
- 기출문제집 선택 법　　　　　　　　　　　　63
- 기본서와 기출문제집의 관계　　　　　　　　66
- 왜 요약집 등이 아닌 기출문제집인가　　　　68
- 전년도 교재와 강의　　　　　　　　　　　　70
- 대체 몇 회독을 해야 하는가　　　　　　　　71
- 반달문에서 나온 기출문제집도 있다　　　　　73
- 단원별 기출문제집 보는 법　　　　　　　　　74
- 기출문제집을 볼 때 유의할 점　　　　　　　76

- 단원별 기출문제집을 한 번만 푸는 이유 78
- 틀린 문제만 다시 풀어보는 회독방법은 어떤가 80
- 합격에 크게 도움 되는 것들과 그렇지 않은 것들 82
- 학원 모의고사는 과감히 패스해도 좋다 84
- 기출특강도 굳이 들을 필요는 없다 85
- 절대공부량이 부족한데 시험까지 남은 기간이 얼마 없을 때 86
- 센스 있게 기출문제 보는 법 88
- 정오표 확인 89

04 | 핵심기출법 90

- 핵심기출법의 기본적인 회독 요령 90
- 핵심기출법의 1회독 방법 92
- 핵심기출법 2회독 95
- 핵심기출법 2회독 때의 참고사항 99
- 핵심기출법 3회독과 그 이후 100
- 암기장 만들기 103
- 핵심정리를 읽을 때의 참고사항 106
- 핵심기출법에서의 기출문제 보는 법이 궁금하다면 110
- 강의기출법과 핵심기출법의 전체 과정 정리 111
- 기출지문의 밑줄을 지우는 것이 두렵다고 생각하는 여러분께 112
- 상대평가로 바뀌더라도 기출중심 공부법은 충분히 통한다 113
- 기출중심의 공부법 114

제3장 과목별 공부법

01 | 과목별 공부법 개괄 — 116
- 과목별 공부법 서론 — 116
- 과목별 공부 순서 — 117
- 하루 한 과목, 며칠 동안 그 과목만 공부하기 — 119

02 | 과목별 공부법 및 주요 사항 — 120
- 부동산학개론 공부법 — 120
- 부동산학개론의 주의사항 — 123
- 민법 공부법 — 126
- 그밖에 민법에 관한 사항들 — 128
- 공시법 공부법 — 130
- 공법 공부법 — 132
- 그밖에 공법에 관한 사항들 — 135
- 공인중개사법 공부법 — 136
- 세법 공부법 — 137
- 1차 과목 전체, 2차 과목 전체를 각각 하나로 생각하라 — 139

제4장 공부계획 수립 및 실행 등

- 언제부터 새로운 공부법을 적용하면 좋은가 — 142
- 목표점수 — 143
- 시간이 아니라 양으로 목표를 설정하기 — 144

- 시험일로부터 역순으로 공부계획 세우기   145
- 4개월 정도 만에 합격도 가능하다   148
- 공부계획의 수정   151
- 이번 시험에 모든 것을 걸어라   152
- 예습과 복습   152
- 이해와 암기   154
- 객관식 시험에서의 암기   155
- 학원 수강 시 유의할 점   156
- 학원과 강사를 전적으로 믿지는 말라   157
- 공부하다 이해가 되지 않을 때   158
- 기본서는 굳이 안 봐도 된다   159
- 처음부터 완벽주의는 위험하다   161
- 자기만족을 위한 공부는 지양하자   163
- 합격수기   164
- 사람마다 공부 스타일이 다르다고? 하지만…   165
- 공부는 어차피 망각과 암기의 반복   168
- 암기장은 언제 만들면 되는가   169
- 암기장은 반드시 스스로 만들어야 한다   170
- 동차에 대한 고민   171
- 60점 이상이면 합격이다. 버릴 것은 과감히 버려야 한다.   173
- 오랜 잘못된 고정관념에서 탈피하라   174
- 속독법?   175
- 불완전한 상태에서도 충분히 합격할 수 있다   176

제5장 생활과 마인드

01 | 일반편 — 178

- 수험공부의 3요소 — 178
- 규칙적인 수면과 식사 — 179
- 하루식사 — 180
- 낮잠과 쪽잠 — 180
- 아침형 인간 VS 올빼미형 인간 — 182
- 전업수험생이었을 때의 나의 하루 일과 — 183
- 공부장소 — 184
- 공부환경 — 186
- 최대의 효율을 이끌어내라 — 186
- 명절에도 공부 — 188
- 휴식시간 — 188
- 컨디션에 따른 완급 조절 — 189
- 합격 유도 장치 만들기 — 190
- 공부 습관화 첫 단계는 책상 앞에서 오래 버티기 — 191
- 현재의 자신에게 맞는 계획을 세워야 한다 — 192
- 공부 의지를 기르는 법 — 193
- 스스로 동기부여 하기 — 194
- 슬럼프 — 194
- 안정된 심리상태 만들기 — 196
- 어느 정도의 인내는 필요하다 — 197
- 작심삼일의 위력 — 198

- 공부는 타고 나는 것이 아니다 199
- 진짜 공부와 가짜 공부를 구별하자 200
- 공부 중 잡생각 지우기 201
- 합격에 도움이 되는 2가지 습관 202
- 시험에 대한 두려움은 그간 열심히 해왔다는 증거 203
- 시험과 이성 204
- 수험기간 중 운동 204
- 감기와 위생관리 205
- 몸이 많이 아플 때 206
- 잠이 잘 안 올 때 207
- 스트레스 관리 207
- 지금 할 수 없는 일은 과감히 포기하자 209
- 나이와 두뇌 210

02 | 직장인편 212

- 직장인 초시동차는 학원 커리큘럼으로는 거의 불가능하다 212
- 직장인의 경우 주어진 상황에 맞게 공부계획을 세워야 한다 214
- 직장인의 공부는 주중과 주말로 나뉜다 215
- 직장인 수험생에게 주말은 특히 중요하다 216
- 직장인의 주말 일과 217
- 직장인의 공부장소 218
- 자투리 시간 이용하기 219
- 피곤한 날 220

- 직장인과 주변사람들   221
- 직장인의 승부수   222

제6장 막판 점검과 시험장 전략

- 막판 점검   226
- 1차 시험   227
- 점심시간   228
- 2차 시험 1교시   229
- 2차 시험 2교시   229
- 시험장 모의연습과 문제풀이 전략   230
- 시험문제 푸는 요령과 찍는 방법   231
- 실수를 방지하는 요령   234
- 소거법   235
- 박스형 문제 푸는 요령   238
- 마킹 연습   240
- 시험 도중 집중력이 흐트러질 때   241
- 시험장 준비물   242

■ 마치며   246

제1장

공인중개사 및 시험 소개

공인중개사, 그리고 이 직업의 장점

공인중개사란 공인중개사법에 의한 공인중개사자격을 취득한 자를 말한다고 법에서 정의하고 있다. 일반적으로 부동산중개업을 운영하는 사람이라고 보면 될 것 같다.

이 직업의 장점은 우선 첫째로 중개업을 하며 다양한 분야의 사람들을 만나고 많은 중개경험을 쌓으면서 다양한 정보를 습득할 수 있다는 점이다. 이를 통해 사람을 대하는 기술이 늘고, 투자에 대한 안목이 올라가는 등 나름의 자기계발이 가능해 장기적으로 자신의 부를 쌓아나가는 데 많은 기회를 잡을 수 있다.

다음으로 둘째는 자신의 컨디션이나 생활패턴에 맞게 업무시간을 어느 정도 유연하게 조절할 수 있다는 점이다. 이를 통해 일과 가정의 양립을 실현할 수 있다.

그리고 셋째로 공인중개사는 정년이란 게 없다. 그래서 많은 직장인이 퇴직 후에 선택하는 직업이기도 하다. 심지어 요즘은 아예 공인중개사로 취업을 시작하는 젊은 사람들도 많다.

그밖에도 공인중개사는 실력과 안목이 있다면 충분한 소득이 보장되며, 가족 중 한 명이 자격증을 취득한 경우에 가족 전체가 함께 일할 수 있다는 장점도 가지고 있는 매력적인 직업이라고 할 수 있다.

공인중개사 시험 개요

　공인중개사 자격시험은 국토교통부 소관의 국가자격시험으로 큐넷(q-net.or.kr) 홈페이지를 통해 매년 8월경에 신청이 가능하고, 매년 10월 마지막 토요일에 치러진다.

　시험은 1년에 한 번만 응시할 수 있으며, 1차 시험(2과목)과 2차 시험(3과목)이 같은 날에 진행되며 1차는 오전, 2차는 오후에 치러진다.

　시험 유형은 객관식 5지선다형(5개의 지문 중 1개의 정답 지문을 고르는 유형)으로 각 과목당 40문제이다. 참고로 이 책에서는 문제에서 주어진 5개의 지문을 선택지, 선지 또는 지문이라고 표현할 것이다.

　시험과목은 1, 2차 도합 총 5과목이다. 1차 시험 과목은 부동산학개론과 민법(민법 및 민사특별법 중 부동산 중개에 관련되는 규정)으로 총 두 과목, 2차 시험 과목은 공인중개사법(공인중개사의 업무 및 부동산 거래신고 등에 관한 법령 및 중개실무), 공법(부동산공법 중 부동산중개에 관련되는 규정), 공시세법(부동산공시에 관한 법령 및 부동산 관련 세법)으로 총 세 과목으로 구성되어 있다.

구분	시험 과목	문항수	시험시간	시험 방법
제1차 시험 1교시 (2과목)	1. 부동산학개론(부동산감정평가론 포함) 2. **민법** 및 민사특별법 중 부동산 중개에 관련되는 규정	과목당 40문항 (1번~80번)	100분 (09:30 ~11:10)	객관식 5지 선택형
제2차 시험 1교시 (2과목)	1. 공인**중개사**의 업무 및 부동산 거래신고 등에 관한 **법령** 및 중개실무 2. 부동산**공법** 중 부동산중개에 관련되는 규정	과목당 40문항 (1번~80번)	100분 (13:00 ~14:40)	
제2차 시험 2교시 (1과목)	1. 부동산**공시**에 관한 법령(부동산등기법, 공간정보의 구축 및 관리 등에 관한 법률) 및 부동산 관련 **세법**	40문항 (1번~40번)	50분 (15:30 ~16:20)	

    시험의 합격은 모든 과목 40점 이상, 1, 2차 시험 각각 평균 60점 이상을 득점한 경우이다. 즉 1차 시험을 예로 들면 부동산학개론과 민법에서 각각 40점 이상을 득점하고, 두 과목의 평균이 60점 이상이어야 합격이다.

  한편 1, 2차 시험을 한 해에 모두 합격하는 경우를 동차 합격이라 한다. 1차 시험만 합격하고, 2차 시험에 불합격한 경우에는 다음해 시험에 한해 1차 시험을 면제해준다. 1차 시험에 불합격한 경우 2차 시험에 합격하더라도 무효가 되므로 반드시 1차 시험에 합격한 상태여야 한다.

공인중개사 시험의 난이도

　공인중개사 시험의 과목들은 대부분 법과 관련된 과목들이다 보니 법 전공자가 아닌 사람들에게는 다소 생소해서, 처음에 개념을 잡고 익숙해지는 데까지 어느 정도 시간이 걸릴 수 있다. 하지만 절대평가로 평균 60점만 넘으면 되고, 2문제 맞히고 1문제 틀리는 정도의 경지에만 올라도 되니 너무 걱정할 필요 없다. 장기적으로 상대평가화 될 수 있으나 절대평가든 상대평가든 이 책에서 알려주는 공부법만 제대로 숙지하면 무난하게 합격할 수 있다.

　시험의 난이도는 일반적으로 기사시험의 평균 난이도보다는 어려운 편이다. 개인차가 있겠으나 내가 볼 땐 기사시험 중에 가장 어려운 편에 속하는 조경기사, 방재기사, 전기기사 정도의 수준이 아닐까 싶다. 요새 사람들이 많이들 준비하는 9급 공무원 시험과 비교하면 영어 같은 과목도 없고, 상대적으로 공부할 분량이 적어 쉬운 편이다.(참고로 나는 5, 7, 9급 시험을 통틀어 공무원 시험을 총 8회 합격하였기에 공무원 시험의 수준을 나름 잘 알고 있고, 공인중개사 자격증뿐만 아니라 기사자격증도 보유하고 있다.)

하지만 공부를 어느 정도 해본 사람에게나 할 만하지, 결코 만만한 시험이 아니기에 정신 바짝 차려야 한다. 더구나 나름 공부 잘하는 사람들도 설렁설렁 공부하다가 떨어지는 시험이다. 극악의 난이도까지는 아니지만 결코 쉬운 시험이 아니라는 것을 염두에 두자.

원서접수

원서접수기간은 8월초 정도에 약 5일간 주어지는데, 무조건 첫날 오전부터 최대한 빨리 신청해야 한다. 접수기간 첫날 아침 9시부터 접수가 가능한데 이날 오전부터 큐넷 홈페이지가 마비된다. 1년에 단 한 번만 접수가 가능하고, 수십만 명이 응시하다보니 아침부터 신청해도 접수와 결제가 완료되기까지 몇 시간은 걸리기 일쑤다.

운이 없으면 자신이 사는 지역에서 시험을 못 보게 되는 수가 있으니 알람을 맞춰놓고, 당일 아침부터 계속 접수를 시도하여야 한다. 인터넷 브라우저에 따라서 접수가 잘 안 되는 경우도 있으니 평소 기사시험 접수 일정 때 접수와 결제에 대한 모의연습을 해보는 것을 추천한다.

■ 나의 합격수기

이 합격수기는 합격 직후에 내가 네이버 블로그에 작성해둔 것이다. 인강(인터넷 강의) 프리패스 환급용으로 작성한 것인데, 참고 정도만 하기 바란다.

안녕하세요, 저는 제32회 공인중개사 시험에 운 좋게 초시 동차로 합격한 30대 직장인입니다.
비록 많이 부족하지만 그래도 누군가에게 조그마한 도움이 되리라는 마음으로 약 7개월(실질적으로는 5개월)간 공인중개사 공부를 한 제 경험담과 공부과정 등에 대한 개요를 작성해보았습니다.

1. **공부기간**

    저는 2021년 4월 9일에 해x스 공인중개사 환급반 인강을 결제하였고, 그 무렵부터 공부를 시작했습니다.
    그러나 직장인 신분에 야간대학원까지 병행하는 바람에 7~8월에는 회사업무와 대학원 졸업논문 작성으로 바빠 아예 공인중개사 공부를 하지 못했고, 실질적으로는 약 5개월 동안 시험을 준비하였습니다.

2. **공부방법 요약**
   ① <u>기본강의</u> 이틀치 분량을 본 직후 단원별 기출문제집으로 복습하는 식으로 1회독을 마쳤습니다.
   ② 2회독은 <u>1회독 때 기출문제집에 표시해놓은 부분 위주로</u> 빠르게 읽어나가며 복습하였는데, 7~8월경에 제대로 공부하지 못한 탓에 1회독과 2회독 간의 공백기간이 너무 길어서 곤욕을 치르기도 했습니다.
   ③ 3회독 때는 <u>2회독 때와 유사한</u> 방식으로 공부하되 더 <u>분량을 줄여나갔고, 그간 암기하지 못한 부분을 시험 직전에 집중적으로 보기 위해 노력하였습니다.</u>
   ※ 원칙적으로 초반에는 하루 1과목을 공부했고, 평일에는 2~3시간, 주말에는 6시간 정도 공부하였습니다.

3. **과목별 인강 강사님**(단원별 기출문제집 저자 위주 / <u>추천 강사 아님!</u>)
   ① 부동산학개론: 신관식 강사님
   ② 민법 및 민특법: 채희대 강사님
   ③ 공인중개사법령: 정지웅 강사님
   ④ 부동산공법: 한종민 강사님
   ⑤ 공시법: 양기백 강사님
   ※ 세법은 시험 직전에만 조금 보았는데 제게 주어진 시간이 너무 부족하다고 판단하여 강의를 듣지 않고 기출도 풀지 않았으며, 바로 기출문제 해설 위주로 읽어나가는 정도로만 가볍게 공부하였습니다.

4. 시험 준비 전 기본 베이스

① 기본 베이스: 저는 학사 및 석사과정에서 각각 경영학과 경제학을 전공하여, 수요와 공급 및 마케팅 관련 이론 등에 대해 배운 적이 있었기에 부동산학개론 과목은 어느 정도 베이스를 갖춘 상태였습니다. 또한, 저는 공무원이나 자격증 시험을 여러 번 응시하여 나름대로 공부에 대한 감각이 있었습니다.

② 다음 표는 시험 준비 전 저의 상태를 점검하고자 31회 시험으로 진행한 점수결과입니다. 어차피 아는 것이 별로 없었기에 굳이 시간은 재지 않고 풀었습니다.

과목	공부 시작 전 점수
부동산학개론	60
민법	35
1차 평균	47.5
중개사법	32.5
공법	42.5
공시세법	30
2차 평균	35

5. 시험 후 소감

① 제가 시도한 기출문제 위주의 공부방법이 틀리지 않았다는 것을 주변 지인들이나 다른 사람들에게 증명해보이고 싶었는데 비록 간발의 차이지만 합격해서 다행이라 생각합니다.

② 직장과 대학원을 병행하면서 시험을 준비하였기에 주말 외에는 많은 시간을 확보하기가 어려웠고, 중간에 대학원 졸업논문 작성으로 인해 흐름이 끊겨 1회독과 2회독 사이에 2개월 가량의 공백기간이 있었으며, 심지어 시험 전날까지 직장에서 근무하였습니다. 이처럼 전반적으로 공부량이 부족했고 공부효율이 매우 좋지 않았음에도 제게 운이 따라준 것 같습니다.

③ 처음에 계획했던 것보다 턱없이 부족한 5~7년치 기출문제밖에 공부하지 못했고, 시간 관계상 세법은 아예 기본개념이나 강의조차 보지 못한 상태로 시험에 응시했는데 이는 보완했어야 할 부분입니다.

아무쪼록 만약 주변 지인들이 이 시험에 응시한다면 위와 같은 제 경험담을 보다 상세히 알려주어 반드시 한 번에 합격할 수 있도록 도움을 주고 싶습니다.

감사합니다!

제 2021-

최종 합격 확인서

성 명	신동민	생년월일	19
주 소	세종특별자치시		
자 격	공인중개사		

2021년 제 32회 공인중개사(2021년 10월 30일 시행) 시험에 최종 합격하였음을 확인합니다.

2021년 12월 01일

한국산업인력공단 이사장

제2장

여러분의 운명을 바꿀 두 가지 공부법

1. 탁월한 공부법이 필요한 이유
2. 공부법 개괄
3. 강의기출법
4. 핵심기출법

01 | 탁월한 공부법이 필요한 이유

나의 공부 스토리

우리가 공부법을 터득해야 하는 이유에 대한 설명에 앞서 여러분께 보다 신뢰를 드리기 위해, 나의 공부 인생 스토리에 대한 이야기를 조금 하고자 하니 가볍게 읽어주셨으면 한다.

나는 원래 공부를 잘했던 것이 아니다

맨 처음 작가소개와 머리말에서도 간략히 언급했었지만 나는 어릴 적부터 공부를 잘했던 영재들과는 완전히 다른 인생을 살아왔다. 인문계 고등학교를 진학하기는 했지만 맨 뒤에서 20% 안에 들 정도로 공부와는 담을 쌓고 지냈고, 나는 초·중·고등학교 시절 내내 게임폐인이나 다름없었다. 어느 정도로 게임을 좋아했냐면 게임회사에서 나를 스카우트 해갈 정도였고, 게임으로 SBS 방송프로그램 스타킹에 출연할 정도였다. 그렇게 그 길로 나는 대학 진학을 포기하고, 여차저차 게임회사에 취업하게 되었다.

그런데 재밌는 일이 일어났다. 게임개발자가 직업이 되면서 아이러니하게도 점점 게임에 대한 흥미를 잃기 시작한 것이다. 아마도 좋아하는 일이 직업이 되어버려 그렇게 된 것 같다. 이후로 오랜 취미였던 게임에 대한 빈자리는 서서히 자기계발로 채워졌고, 그 첫 시작은 영어 과목(토익 시험)이었다.

하지만 결코 쉽지 않았다. 당시 나는 20대 중반이었는데 그간 제대로 하지 않은 공부를 시작한다는 것은 나의 인생을 완전히 바꾸는 일이었기 때문이다. 심지어 6개월 정도 영어 학원을 수강하고 치른 <u>생애 첫 토익시험에서 나는 325점</u>이 나왔고, 이로 인해 커다란 충격을 받았다. 나름 한다고 했는데 그 모양이었기 때문이다. 그 여파로 한동안 좌절도 했었지만 그럼에도 나는 포기하지 않았다. '이대로 영어한테 지면 나는 인생에서 패배자로 살아가게 될 것이다. 영어를 잘 하게 되면 앞으로 할 수 있는 영역이 넓어진다. 그러니 반드시 영어를 극복하자.'라는 마인드로 꾸준히 공부했고, 그간 무엇이 잘못되었는지 돌아보았다. 그리고 머지않아 그간 학원을 수강하면서 <u>복습 없이 강의만 들었던 것과 인풋(input, 머릿속에 지식을 입력하는 작업) 위주로 공부한 것이 특히 잘못된 선택이었음을 깨달을 수 있었다.</u>

깨달음을 얻은 후, 인생에서 반전이 일어나기 시작하다

이처럼 처음에는 공부 노하우가 없어 시행착오도 많이 겪었지만 나는 여러 반성과 개선을 거듭하며 아웃풋(output, 머릿속에서 지식을 꺼내어 활용하는 작업) 위주로 내 공부방식을 바꾸었다. 그렇게 1년이 넘도록 출근 전, 점심시간, 퇴근 후 시간대를 활용해 꾸준히 공부한 결과, 나는 마침내 토익시험에서 950점을 넘을 수 있었다. 무엇보다 이 경험은 나에게 자신감을 안겨주었고 또 다른 공부를 할 수 있는 원동력이 되었다.

반전에 이어 나의 실력은 정점을 향해 치솟다

이후로도 나는 직장에 다니며 계속 자기계발에 정진하여, 일본어능력시험 1급, 한국사능력검정 1급 등의 자격증을 취득하였다. 그리고 30대 초반에는 게임회사를 그만둔 뒤 본격적으로 제2의 인생을 설계하고자 대학교에 입학하여 공무원 시험을 준비하기로 결심하였다. 비록 남들보다 늦은 나이에 시작한 공부였지만 이미 굳은 각오를 다진 나는 고군분투 끝에 행정고시를 비롯한 각종 공무원 시험에 무려 8회나 합격하였고, 지금은 경제학 석사 학위까지 보유 중이며 어엿한 국토교통부의 사무관(5급 공무원)이 되었다.

그리고 이 책을 쓰는 지금도 나는 자기계발을 하며 살아가고 있다. 여러분께서 보고 계신 이 책은 내 인생의 소중한 첫 번째 책으로, 이 책을 쓰는 것 역시 나에게는 자기계발의 일종이자 새로운 도전인 셈이다. 더 나아가 나는 현재도 앞으로도 자만하지 않고 평생토록 자신의 길을 갈고 닦으며 살아가야 한다고 생각하고 있다.

이상 나의 공부 스토리가 좀 길었는데 나는 처음부터 공부를 잘했던 사람이 아니었고, 이 책을 읽는 여러분도 나처럼 노력하면 얼마든지 해낼 수 있다는 이야기를 하고 싶었으며 공부법의 설명에 앞서 나에 대한 소개를 통해 보다 신뢰를 드리고 싶었다.

아무쪼록 이 장에서는 책의 본론으로 들어가, 왜 여러분이 이 책에서 소개하는 공부법을 익혀야 하는지와 더불어, 내가 그간 얻은 노하우 중 이 시험에 최적화된 두 가지 공부법에 대해 말씀을 드리고자 한다.

왜 이 시험이 생각보다 더 어렵게 느껴질까

 이 시험이 고시나 변호사 시험 등 소위 8대 전문직 자격시험 정도로 어려운 시험은 아니라는 것을 여러분들도 잘 알고 있을 것이다. 물론 앞서 언급한 것처럼 그렇게 쉬운 시험이 아닌 것은 맞다. 그런데 생각보다 합격이 훨씬 어렵게 느껴지는 것은 왜일까?

 물론 여러분 중에는 공부에 익숙하지 않은 사람들도 있을 것이고, 열심히 공부하지 않았다면 그것도 분명 이유 중에 하나라고 할 수 있다. 하지만 단순히 그것만이 아니다. 어쩌면 결정적인 이유는 다른 데 있을지 모른다. 나는 그것을 여러 공인중개사 학원들이 운영 중인 시스템에 있다고 본다.

일반인이 소화하기 힘든 공인중개사 학원들의 시스템

 일부 학원들의 커리큘럼은 여러분이 소화하기 힘들 정도로 엄청난 공부량과 비효율을 강요하는 것처럼 보인다. 공부라는 것이 원래 어느 정도 힘든 것은 맞지만 나는 학원들이 필요 이상으로 힘들고 고된 과정으로 수험생들을 지치게 만들고 있다고 생각한다.

나는 직장인이지만 설령 내가 전업 수험생이라 할지라도 도저히 공인중개사 학원의 커리큘럼을 따라갈 자신이 없다. 입문강의, 기본강의, 심화강의, 기출강의, 요약강의, 핵심강의, 예상문제강의, 각종 특강, 거기에 빈번하게 보는 각종 모의고사 등등... 현재 우리나라에서 가장 어려운 시험 중에 하나인 행정고시 학원들도 이 정도로 커리큘럼이 빡빡하지는 않다.

공부의 연속성 단절

더구나 다수의 공인중개사 학원들은 매일 서로 다른 과목을 가르친다. 사실 이건 공부의 연속성을 끊는 것이다. 그 어렵다는 고시를 비롯한 다른 고난도 시험의 학원들도 일정기간동안 한두 과목만을 집중적으로 가르치지, 이렇게 모든 과목을 매일매일 바꿔가며 돌리지는 않는다.

이처럼 나는 학원들이 가뜩이나 공부를 힘들어하는 여러분에게 이 시험을 더욱 부풀려 공부를 어렵게 만드는 데 일조하고 있다고 생각한다. 즉 학원들은 여러분이 합격하는 데 도움을 주기도 하지만 반대로 합격을 지연시키기도 한다는 의미이다. 심지어 학원을 많이 신뢰하는 사람일수록 더욱 위험에 노출돼 있다고 본다.

이 시험이 상대평가로 바뀌면 현행 시스템은 분명히 버티지 못한다

여러분이 공부를 안 해서 시험에 떨어지는 것은 여러분 탓이다. 그런데 정말 열과 성을 다해 시험을 준비했는데도 시험에 떨어졌다면, 그것은 십중팔구 방법의 문제일 것이다. 이 시험은 그렇게까지 탁월한 두뇌를 요하지는 않기 때문이다.

장담컨대 이것은 시스템의 문제다. 머지않아 이 시험이 상대평가로 바뀌고 나면 학원의 현재 시스템은 매우 크게 달라질 것이라 본다. 학원들도 이대로는 안 된다는 것을 분명히 알고 있을 것이기 때문이다. 절대평가라서 아직은 비효율적인 방법으로도 합격이 가능하기에, 어쩌면 학원들은 여러분이 1년 빡세게 공부했을 때 간신히 합격할 수 있을 정도로 커리큘럼을 계산적으로 짜놓은 것일 수도 있다.

하지만 현재 고통 받고 있는 수험생들을 위해서라도 현행 시스템은 상대평가로 바뀌기 전에 반드시 개선이 이루어져야 한다고 생각한다.

■ 왜 다른 책이 아닌, 이 책을 봐야 하는가

많은 분들이 합격에 대한 간절한 마음으로 이 책을 보고 계실 것이라 생각한다. 그리고 그런 여러분들 중 일부는 시험에 아주 강한 분들이 아닐 것이다. 그런데 앞서 언급한 것처럼 학원은 이 시험에 최적화된 공부 방법을 여러분께 알려주고 있지 않다. 물론 이해는 간다. 학원은 일종의 기업이고, 기업의 운영 목적은 수험생의 합격이 아니라 이윤극대화이기 때문이다.

하지만 이제는 누군가가 나타나 여러분께 이 사실을 알려줄 때도 되었다. 열심히 공부하고 계시는 여러분들의 노력이 비효율적인 공부 방법으로 인해 헛되이 무너지지 않도록 말이다.

나 역시 이 시험 준비를 위한 다른 공부법 책들을 분석했으나…

나는 이 책을 쓰면서 이 시험과 관련된 기존의 몇몇 공부법 책들을 분석하였다. 허나 안타깝게도 그 책들의 저자들은 대부분 시험으로 검증된 고수들이 아니었다. 그들의 공부 스펙이나 발자취는 사람들에게 신뢰를 주기에 부족했고, 그들이 소개하는 공부법들 또한 일반화할 수 있을 만큼 방법이 단순·구체적이지 않았으며,

아웃풋 중심의 체계를 갖추지도 못했다. 그저 같은 강의를 빠르게 여러 번 반복해서 듣거나 요약집을 하루에 몇 시간씩 암기하고 반복하라는 식이었다.

　내가 보기에 그들의 공부법은 그저 '아, 그냥 이런 식으로 공부해서 합격한 사람도 있구나. 와... 힘들었겠네.' 정도의 느낌이었다. 물론 이 시험이 아직 절대평가이기에 그런 공부법으로도 합격이 가능하다는 것을 나는 잘 알고 있다.

　하지만 위에서 언급한 것처럼 저자의 신뢰도 부족, 많은 인내심을 요하는 힘든 공부법, 그리고 그들의 공부법이 가진 비효율성 등의 문제로 학원들을 위협하기에는 역부족이었을 것이라 본다.

이 책의 공부법은 검증되었다

　그래서 고심 끝에 이번에는 내가 도전해보기로 했다. 참고로 나의 공부 경험이나 스펙은 결코 이 시험의 강사님들께 결코 뒤지지 않는다고 자신한다. 그리고 무엇보다 그간 나를 비롯한 많은 사람들을 통해 이미 여러 시험들에서 검증된 우수한 공부법을, 다시 이 시험에 맞게 더욱 최적화하였다. 이제 이 공부법을 여러분께 전함으로써 공인중개사 수험가에 정착시키고 많은 수험생들의 수고를 덜어주는 일이야 말로 이 책을 집필하는 나의 진정한 목표이자, 바람인 것이다.

따라서 이 책에서는 여러분을 합격으로 인도하기 위한 현존 최고의 공부법을 소개하고 설명할 것이며 여러분들이 어떻게 공부하고 계획을 세워나가야 하는지, 수험기간동안 생활은 어떻게 하고 어떤 마인드를 가져야 하는지에 대해서도 대안을 제시할 것이다. 그러니 부디 나를 믿고 따라와 주시기 바란다.

■ 완전한 공부법? 그러나 불완전한 우리들

　이론적으로 강의를 많이 듣고 기본서에 있는 내용을 최대한 많이 외우면 완전한 학습이 가능할 것이다. 기본서에는 아마도 시험에 나오는 거의 대부분의 내용이 들어있을 것이기 때문이다.
　하지만 중요한 건 공부를 하는 우리들이다. 그런 기본서와 달리 우리는 완전하지 않다. 천재적인 두뇌의 소유자라면 사실 좋은 공부 방법이나 전략에 대해 고민할 필요도 없이 그저 기본서를 쭉쭉 읽어나가면서 모든 내용을 암기하면 그만일 것이다. 하지만 안타깝게도 우리는 시험장에 그 완전한 기본서를 가져가지 못하고, 불완전한 우리의 두뇌만으로 승부를 봐야 한다.
　그렇기에 우리에게는 <u>1000페이지를 공부해서 100점을 받는 방법보다 200페이지를 공부해서 70점을 받을 수 있는 전략이 더욱 절실하다</u>고 할 수 있다.

■ 왜 효율적이고 흥미로운 공부법이 필요한가

우리는 일상생활에서 물건을 구입할 때 가능한 한 저렴하면서도 좋은 것을 고르기 위해 탐색을 한다. 우리가 가진 재원(돈)이 한정되어 있기 때문이다. 이와 마찬가지로 우리에게 주어진 시간과 에너지는 제한적이기에 최소한의 시간과 노력을 투자해 가장 높은 확률로 합격하는 방법을 찾는 것은 매우 중요한 일이다.

게다가 모든 시험이 그렇지만 그 시험에 최적화된 방법으로 공부하여야 시행착오를 줄일 수 있고, 그만큼 우리의 고통도 줄어든다. 60점만 넘으면 합격하는 시험인데 기본서의 모든 내용을 쥐 잡듯이 뒤지면서 100점을 맞을 각오로 공부해버리면 얼마 못 가서 지치게 될 뿐만 아니라, 일반적인 인간의 능력으로는 그렇게 공부한다 해도 결코 100점을 받을 수 없다.

차라리 합격할 만큼만 공부하고, 남는 시간을 활용해 더 대단한 시험에 도전하거나 가족과 행복한 시간을 보내는 등 보다 유용하고 생산적인 일에 투자하는 것이 낫지 않겠는가.

바로 이러한 이유들로 인해, 적은 노력으로 합격 확률을 최고로 높여주고, 우리의 고통을 덜어주는 효율적인 공부 방법이 필요한 것이다.

흥미도 중요하다

 한편으로 이 책에서 소개하는 공부법은 단순히 시간과 노력만을 절약해주는 방법이 아니다. 실력이 향상되는 것을 항상 체크할 수 있고, 다른 공부 방법에 비해 압축적이며, 무엇을 해야 하는지가 명확하여 공부에 흥미를 느낄 수 있게 해준다.

 이것은 중요하다. 막연한 공부는 마치 우리가 안갯속을 헤매는 것처럼 길을 잃게 하고, 지루함을 느끼게 해 자칫 공부를 포기하게 만들 수도 있기 때문이다.

 장자(莊子)도 말했다. 쉬운 것이 올바른 것이고, 올바른 것에서 시작하면 쉬워진다고. 이처럼 좋은 공부법은 쉬워야 하고, 그래야 즐기면서 더 끈기 있게 잘 할 수 있는 것이다.

02 | 공부법 개괄

공부법 개괄 - 여러분의 운명을 바꿀 두 가지 공부법

 이제 앞서 언급한 것처럼 오랜 시간동안 내가 여러 시험을 통해 연구한 공부 방법들 중 공인중개사 시험에 최적이라 판단한 공부법 두 가지를 소개하고자 한다. 그리고 이 공부법들은 활용하기에 따라 다른 어떤 공부법보다도 적은 공부량과 시간으로 이 시험에 합격할 수 있는 최고의 수단이 될 수 있다고 단언한다. 그러니 다음 두 공부법과 관련된 파트는 이 책을 끝까지 다 읽은 뒤에도 완전히 자신의 것이 될 때까지 반복해서 읽어야 한다.

강의기출법

 우선 첫 번째로 소개하는 공부법은 기본강의를 들으면서 바로 기출문제로 복습하는 방법이다. 이 방법은 내가 공무원 시험을 공부할 때 매우 유용하게 활용했던 것인데, 공인중개사 시험에서도 유효했다. 책 읽기 또는 독서에 상대적으로 취약한 사람들에게 특히 좋은 공부법이고, 이 방법으로 공부할 경우 기본서를 접할 일이 거의 없다고 보면 된다.

많은 사람들이 기본서를 회독해야 한다고 잘못 생각하고 있는 것 같다. 그러나 사실 기본서는 양이 너무 방대하고, 잘못 읽으면 남는 것이 없으며, 책 읽는 것이 익숙하지 않은 사람에게는 더더욱 비효율적인 교재이다.

결론적으로 이 공부법에서 기본서는 참고서 정도의 용도로만 활용되고, 기본강의와 단원별 기출문제집 위주, 특히 그중에서도 기출문제집이 중심이 된다. 앞으로 편의상 이 공부 방법을 "강의기출법"이라 부르기로 하고, 구체적인 방법에 대해서는 후술하도록 하겠다.

핵심기출법

다음으로 소개하는 두 번째 공부법은 <u>'핵심정리'를 읽으면서 바로 기출문제로 복습</u>하는 방법이다. 이 공부법을 설명하기 위해 우선 핵심정리가 무엇인지 먼저 소개할 필요가 있을 것 같다. <u>핵심정리는 반달문이라는 출판사에서 e북 전용으로 발간한 교재</u>로서 PC, 태블릿, 스마트폰 등에서 편리하게 공부할 수 있는 것이 특징이다. 교보문고나 리디북스 등과 같은 e북 어플을 통해 구입 및 이용이 가능한데 실물은 다음과 같다.

[예시] 스마트폰용 eBook 어플	
 교보eBook KYOBO BOOK CENTRE	리디 - 웹툰, 웹소설, 전자책 RIDI Corporation

1차 과목 중 민법 핵심정리 표지	2차 과목 중 공법 핵심정리 표지

민법 핵심정리 일부	공법 핵심정리 일부

핵심정리는 과거에 출제된 문장들을 자연스럽게 연결하기 위해 목차와 내용을 기본서처럼 구성하였는데, 2023년판을 기준으로 무려 15년치의 기출문장을 수록하고 있다. 또한 무엇보다 핵심정리의 가장 중요한 특징은 기출문장을 출제횟수에 따라 색깔을 달리 표시한 점이다. 물론 색깔을 일일이 구분할 필요는 없고, 1회 출제된 문장은 굵은 검은색, 2회 이상 출제된 문장은 검은색이 아닌 컬러 글씨로 표시되어 있다는 것 정도만 알면 된다. 가격은 과목당 6,000~7,000원 정도로 비교적 저렴한 편이다.

  한편 이 핵심정리를 이용한 공부법은 상대적으로 강의를 듣는 것보다 <u>책 읽는 것이 더 편한 사람들</u>, 공부로 어느 정도 성취를 거둔 적이 있는 사람들, 또는 <u>과거에 이 시험을 준비했다가 안타깝게 불합격한 적이 있는 사람들</u>에게 특히 유용하다고 본다. 강의기출법과 비교하여 이 공부법은 전체 공부시간을 절약할 수 있는 장점이 있는 반면, 강의에서 강사들이 설명해주는 아주 기초적인 용어나 개념들을 모두 습득하기는 어렵다는 단점이 있기 때문이다. 앞으로 이 공부법을 편의상 "핵심기출법"이라 부르도록 하고, 세부적인 방법에 대해서는 강의기출법과 마찬가지로 후술하도록 하겠다.

강의기출법과 핵심기출법은
서로 대체관계가 아닌 보완관계이다

앞서 설명한 두 방법 중 어느 것을 택하더라도 제대로만 실행한다면 충분히 합격이 가능하다. 따라서 <u>두 방법 중 자신에게 맞는 방법을 선택해도 되고, 경우에 따라서는 둘을 적절히 조합해도 좋다.</u> 두 공부법은 서로 배치되는 것이 아니라 얼마든지 상호보완이 가능하기 때문이다.

게다가 강의기출법으로 공부를 시작하더라도 도중에 모르는 내용이 있을 때 e북용 핵심정리의 검색 기능을 활용할 수 있어서 이 핵심정리는 꽤 유용한 도구가 될 수 있다.

■ 처음에는 편하게 읽으면 된다

　지금부터가 진정한 본론이나, 이 책을 처음 읽을 때는 편안한 마음으로 끝까지 쭉 읽기를 권한다. 그래야 다시 이 장을 볼 때 더 이해가 잘 가고, 처음부터 집중해서 볼 때보다 더 빨리 공부법을 터득할 수 있게 될 것이다.

　참고로 이 책을 읽을 때뿐만이 아니라 수험공부를 할 때도 일반적으로 처음부터 책을 완벽하게 읽으려는 것이 오히려 독이 될 수 있기에 노파심에 이렇게 말씀드리는 것이다.

　따라서 <u>적당히 빠른 속도로 끝까지 책을 다 읽은 뒤, 이 장의 강의기출법과 핵심기출법에 관련된 내용만 집중해서 한 번 더 읽기를 권한다.</u> 여러분은 이 책을 독파하고 나서 강의기출법과 핵심기출법 중 최소한 한 가지는 반드시 터득해야 하고, 이것들을 자신의 공부법에 적용할 수 있어야 한다.

03 | 강의기출법

강의기출법의 기본적인 회독 요령

강의기출법은 앞서 기본강의를 들으면서 바로 기출문제로 복습하는 방법이라고 언급한 바 있다. 이 공부법은 <u>1회독 때만 기본강의를 통해 기본 개념을 습득하고, 이후부터는 강의 없이 단원별 기출문제집의 회독을 반복하는 것이 특징</u>이다. 그리고 시험 1개월 정도 전에 암기장을 만들어 갈무리를 잘 하기만 하면 된다.

강의기출법의 전체적인 과정은 다음과 같다.

1회독	2회독 이후	시험 1개월 전
기본강의를 들으면서 단원별 기출문제집으로 복습	⇨ 단원별 기출문제집 반복 회독	⇨ 암기장 만들어 암기

강의기출법은 <u>며칠간 한 과목을 집중적으로 공부</u>하여 일단락한 뒤에 다음 과목으로 넘어가는 식으로 회독한다. 예를 들어 한 과목의 1회독에 걸리는 기간이 10일이라면 1일차부터 10일차까지

부동산학개론 1회독, 11일차부터 20일차까지 민법 1회독, 21일차부터 30일차까지는 공시세법 1회독… 이런 식으로 5번째 과목 1회독을 50일차까지 마친 뒤, 처음 공부한 과목인 부동산학개론의 2회독을 51일차에 돌입하는 것이다. 2회독 때도 1회독 때와 마찬가지로 전 과목을 순차적으로 돌리고 나서 3회독에 들어간다.

회독속도는 빠를수록 좋다

 이해하기 편하도록 한 과목의 1회독을 10일 단위로 설명했으나 실제로는 회독 간 기간이 짧을수록 좋으므로 1회독은 전업 수험생을 기준으로 과목당 8일 내외를 목표로 잡는 것을 권장한다. 그리고 2회독은 과목당 4일 내외, 3회독은 과목당 2일 내외를 목표로 하자. 1회독 때 강의를 듣는 시간 때문에 일정을 소화하기가 다소 버거울 수 있으나 이겨내야 한다.

강의기출법의 1회독 방법

 강의기출법 1회독 때는 기본강의를 들으면서 단원별 기출문제집으로 복습하는 것이 핵심이다. 이때 주의할 점은 처음부터 끝까지 강의를 다 듣고 나서 기출문제를 푸는 것이 아니라 <u>연속으로 4강에서 최대 8강 정도분량의 강의를 듣고, 해당 진도 나간 만큼을 기출문제로 복습</u>해야 하는 것이다.

 사람에 따라 하루는 강의만 듣고, 다음날은 종일 기출문제만 풀고 하는 식으로 공부하는 사람이 있는 반면, 하루를 두 파트로 나눠 전반부에는 강의를 듣고 후반부에는 기출문제로 복습하는 식으로 공부하는 사람도 있다. 자신에게 더 잘 맞는 방식대로 하면 되는데, 일반적으로 강의 들은 지 이틀 이상이 지난 뒤에 기출로 복습하는 것은 매우 좋지 않으니 주의해야 한다.

 또한 만약 8강 정도를 듣고 기출문제를 풀었을 때 잘 풀리지 않는다면 4강 정도로 줄이는 것이 좋다.

1회독 때의 주의사항

 1회독 때는 단원별 기출문제집이 강의내용에 대한 복습용 교재가 된다고 보면 된다. 어지간해서 기본서는 거의 사용할 일이 없다. 이는 강의를 들을 때도 마찬가지다. 강의에 대한 복습으로 기출을 풀 때는 시간을 재가며 풀 필요 없고, 아주 빠르게 답을 맞히는 것보다는 지문 하나하나를 최대한 이해한다는 마인드로 접근하는 것이 좋다.

　기출문제집을 볼 때 가장 중요한 것은 <u>문제를 푼 이후에는 해설을 보면서 오답지문을 맞는 지문으로 고쳐 이해해야 하고, 완벽히 숙지가 안 됐거나 시간이 지난 후에 다시 보면 이해가 안 될 것 같은 지문에 밑줄을 그어놔야 한다</u>는 점이다. 완벽히 숙지가 안 된 오답지문을 맞는 지문으로 바꾸어 표시할 때에는 그 지문 대신, 올바르게 쓰여 있는 해설부분에 밑줄을 그으면 된다. 이때 원래의 오답지문에서 어떤 부분이 틀렸는지를 찾아 해설의 맞는 부분에다 동그라미 표시를 해두면 좋다.

　참고로 밑줄은 연필이나 샤프펜으로 긋도록 하자. 회독을 거듭할수록 밑줄 그은 부분을 점점 지워나갈 것이기 때문이다. 필요하다면 해설 아래에 암기코드도 함께 적어놓자. 참고로 기화펜 종류는 시간이 지나면 지워지므로 사용하지 않길 권한다. 그리고 밑줄은 어차피 지우는 것을 목적으로 그은 것이므로 굳이 자를 대고 반듯하게 그을 필요는 없다.

　이상을 <u>요약하면 1회독 때는 기본강의를 듣고 기출로 복습하면서 밑줄 표시를 통해 2회독 때 무엇을 봐야 하는지를 선별하는 것이 포인트라고 할 수 있겠다.</u>

다음 그림은 공법 과목의 광역도시계획과 관련된 문제인데, 지금까지 설명한 대로 1회독 때 기출문제에 밑줄 표시하는 방법을 적용한 예시이다.

[예시] 1회독 때 밑줄 표시 요령

문제) 문 8. 국토의 계획 및 이용에 관한 법령상 광역도시계획에 관한 설명으로 틀린 것은? (2021)
① 광역도시계획의 수립기준은 국토교통부장관이 정한다.
② 광역계획권이 같은 도의 관할 구역에 속하여 있는 경우 관할 도지사가 광역도시계획을 수립하여야 한다.
③ 시·도지사, 시장 또는 군수는 광역도시계획을 수립하거나 변경하려면 미리 관계 시·도, 시 또는 군의 의회와 관계 시장 또는 군수의 의견을 들어야 한다.
④ 시장 또는 군수가 기초조사정보체계를 구축한 경우에는 등록된 정보의 현황을 5년마다 확인하고 변동사항을 반영하여야 한다.
⑤ 광역계획권을 지정한 날부터 3년이 지날 때까지 관할 시장 또는 군수로부터 광역도시계획의 승인 신청이 없는 경우 관할 도지사가 광역도시계획을 수립하여야 한다.

해설) 8. ① 광역도시계획의 수립기준 등은 대통령령으로 정하는 바에 따라 국토교통부장관이 정한다(법12-2).
② 광역계획권이 같은 도의 관할 구역에 속하여 있는 경우 관할 시장 또는 군수가 공동으로 광역도시계획을 수립하여야 한다(11-1-1호).
③ 법 15-1항
④ 국토교통부장관, 시·도지사, 시장 또는 군수가 제4항에 따라 기초조사정보체계를 구축한 경우에는 등록된 정보의 현황을 5년마다 확인하고 변동사항을 반영하여야 한다(13-5).
⑤ 법 11-1-3호 [정답] ②

위 그림은 현재 1, 2, 3, 5번 선택지를 제대로 암기하지 못한 경우를 가정한 것이다. 이 예시는 틀린 것을 고르는 문제이므로 답인 2번 지문 대신에 올바른 문장인 2번의 해설 부분에 밑줄을 그었다는 것에 주목하자. 해설에 밑줄을 긋는 경우에는 해설문장 전체에 밑줄을 긋지 말고 가급적 선택지와 직접적으로 관련되거나 필요한 부분에만 긋도록 하자. 간혹 불안한 마음에 해설을 밑줄로 도배하는 경우가 있는데 나중에 회독하기 힘들어지니 적당히 밑줄을 긋는 것이 좋다. 개인이 느끼는 문제의 난이도에 따라 한 문제당 밑줄을 긋게 되는 지문의 수는 0개일 수도 있고 5개 전부가 될 수도 있다.

한편 부동산학개론을 제외한 다른 과목들은 2회독 이후에 단원별 기출문제집을 다시 풀지 않고, 밑줄 등으로 표시한 부분만 반복해서 읽게 될 것이므로 문제에 답 체크를 하거나 지문에 밑줄을 그어도 상관없다. 단 부동산학개론의 계산문제 등은 다시 풀 수 있으므로 지문에 표시하지 말고, 가급적 해설에만 표시를 하도록 하자.

> ★ 1회독 요약
> 1. 기본강의를 들으면서 기출문제 풀기
> 2. 암기가 덜 된 지문은 선택지 또는 해설에 밑줄표시 하기
>   (2회독 때 볼 것 선별)

강의기출법 2회독

2회독 때는 <u>문제를 다시 풀지 않고, 단원별 기출문제집에서 밑줄이 그어진 부분을 집중해서 읽어 나간다.</u> 한 번 틀린 문제는 몇 달 만에 다시 풀어도 또 틀릴 확률이 높아서 1회독 때 틀린 문제를 굳이 또 푸는 것은 공부에 큰 도움이 되지 않는다.

2회독 초반에는 오랜 만에 해당 과목을 잡았을 것이므로 밑줄 부분을 읽으면서 개념들이 다소 생소하게 느껴질 수 있다. 그러나 3~4회독 진행하면서 그런 불안감은 점차 사라져 갈 것이니 신경 쓸 필요 없다. 사실 이때가 중요한 시점이다. 뭔가 불안하다고 공부법을 바꿔버리면 지금까지의 노력이 모두 허사로 돌아갈 수 있다. <u>갈수록 반복 주기가 빨라지고 3회독 이후에는 지식이 더 탄탄해질 것이므로 불안해하지 말자.</u>

2회독 때의 주의사항

2회독 때는 <u>1회독 때 밑줄 긋고 암기코드를 적어 놓은 부분들 위주로 집중해서 읽어 나가되, 더 이상 볼 필요가 없다고 생각되는 부분은 지우개로 지운다.</u> 그래야 3회독 때 볼 분량이 줄어들어 회독속도가 빨라지게 된다.

참고로 전업 수험생이라면 가급적 40~50일 이내에 전 과목을 1회독한 후 2회독을 시작하는 것이 좋다. 1회독 때 너무 많은 시간을 쓰게 되면 1회독과 2회독 사이의 기간이 너무 길어지고, 이 경우 많은 기억 손실이 발생하여 2회독 때 공부가 힘들어질 수가 있다. 그러므로 <u>1회독 때 최대한 속도를 낼 수 있도록 일정에 항상 신경을 써야 한다.</u>

간혹 5회독을 했는데 실력이 늘지 않는다는 사람이 있다. 회독하는 법이 잘못된 경우도 문제지만 가끔 진도를 너무 느리게 나가서 1년 동안 5회독을 하는 등의 경우도 큰 문제이다, 사람의 기억은 밑 빠진 독과 같기에 최대한 속도를 내줘야 물을 채우는 속도가 물이 빠져나가는 속도보다 더 빨라져 독 안에 물이 계속 남아있을 수 있는 것이다.

다음 그림은 2회독 때 기출문제집을 보는 법에 대한 예시이다. 1회독 때 예시로 든 그림과 무엇이 달라졌는지 살펴보도록 하자.

[예시] 2회독 때 기출 보는 요령

문제) 문 8. 국토의 계획 및 이용에 관한 법령상 광역도시계획에 관한 설명으로 틀린 것은? (2021)
① 광역도시계획의 수립기준은 국토교통부장관이 정한다.
② 광역계획권이 같은 도의 관할 구역에 속하여 있는 경우 관할 도지사가 광역도시계획을 수립하여야 한다.
③ 시·도지사, 시장 또는 군수는 광역도시계획을 수립하거나 변경하려면 미리 관계 시·도, 시 또는 군의 의회와 관계 시장 또는 군수의 의견을 들어야 한다.
④ 시장 또는 군수가 기초조사정보체계를 구축한 경우에는 등록된 정보의 현황을 5년마다 확인하고 변동사항을 반영하여야 한다.
⑤ 광역계획권을 지정한 날부터 3년이 지날 때까지 관할 시장 또는 군수로부터 광역도시계획의 승인 신청이 없는 경우 관할 도지사가 광역도시계획을 수립하여야 한다.

해설) 8. ① 광역도시계획의 수립기준 등은 대통령령으로 정하는 바에 따라 국토교통부장관이 정한다(법12-2).
② 광역계획권이 같은 도의 관할 구역에 속하여 있는 경우 관할 시장 또는 군수가 공동으로 광역도시계획을 수립하여야 한다(11-1-1호).
③ 법 15-1항
④ 국토교통부장관, 시·도지사, 시장 또는 군수가 제4항에 따라 기초조사정보체계를 구축한 경우에는 등록된 정보의 현황을 5년마다 확인하고 변동사항을 반영하여야 한다(13-5).
⑤ 법 11-1-3호 [정답] ②

　앞선 1회독 때 그림을 보고 오자. 2회독 때 그림과의 차이를 알아보겠는가? 1회독 때는 1, 2, 3, 5번 선택지에 밑줄이 그어져 있었다. 그런데 위 그림은 2회독을 하면서 1, 3번 선택지를 암기했다고 가정하고, 그 두 선택지에 있던 밑줄을 지운 것이다. 그리고 이 경우 아직 다 암기하지 못한 2번과 5번 선택지를 3회독 때 더 읽으면 된다. 위 그림은 3회독 때 봐야 할 내용이 2회독 때보다 줄어들었다는 것을 예시로 표현한 것이다.

참고로 노파심에 말하지만 회독하면서 무조건 밑줄을 지워야 하는 것은 아니다. 도저히 암기하기 어려운 고난도 문제의 선택지는 한 회독을 더 해도 전혀 안 지워질 수도 있고, 반면 아주 쉬운 문제의 경우에는 모든 선택지를 한 번에 다 지울 수도 있다. 즉 회독 때 밑줄을 지우는 것은 자신에게 맞춰서 하면 된다.

다만 나중에 잊어버릴까 걱정이 돼서 최대한 안 지우려고 하는 사람들이 간혹 있는데 이는 바람직하지 않다. 일반적으로 2회독 정도 때 확실히 이해와 암기가 된 지문은 대부분 시험 당일까지 잊어버리지 않을 테니 자신의 두뇌를 믿도록 하자.

★ 2회독 요약
1. 1회독 때 기출문제집에 밑줄 그은 부분 집중해서 읽기
2. 읽으면서 암기된 부분 지우기

■ 강의기출법 3회독과 그 이후

   3회독 때의 공부법도 2회독 때만큼이나 심플하다. 2회독 때 남겨둔 표시 부분을 집중해서 읽어나가면서, 역시 더 이상 안 봐도 될 것 같은 내용을 추가로 지운다. 다음 그림을 보면 이번 회독을 통해 2번 선택지에 있던 밑줄을 추가로 지움으로써 2회독 때에 비해 앞으로 볼 내용이 좀 더 줄어든 것을 알 수 있다.

[예시] 3회독 때 기출 보는 요령

문제) 문 8. 국토의 계획 및 이용에 관한 법령상 광역도시계획에 관한 설명으로 틀린 것은? (2021)
① 광역도시계획의 수립기준은 국토교통부장관이 정한다.
② 광역계획권이 같은 도의 관할 구역에 속하여 있는 경우 관할 도지사가 광역도시계획을 수립하여야 한다.
③ 시·도지사, 시장 또는 군수는 광역도시계획을 수립하거나 변경하려면 미리 관계 시·도, 시 또는 군의 의회와 관계 시장 또는 군수의 의견을 들어야 한다.
④ 시장 또는 군수가 기초조사정보체계를 구축한 경우에는 등록된 정보의 현황을 5년마다 확인하고 변동사항을 반영하여야 한다.
⑤ 광역계획권을 지정한 날부터 3년이 지날 때까지 관할 시장 또는 군수로부터 광역도시계획의 승인 신청이 없는 경우 관할 도지사가 광역도시계획을 수립하여야 한다.

해설) 8. ① 광역도시계획의 수립기준 등은 대통령령으로 정하는 바에 따라 국토교통부장관이 정한다(법12·2).
② 광역계획권이 같은 도의 관할 구역에 속하여 있는 경우 관할 시장 또는 군수가 공동으로 광역도시계획을 수립하여야 한다(11·1·1호).
③ 법 15·1항
④ 국토교통부장관, 시·도지사, 시장 또는 군수가 제4항에 따라 기초조사정보체계를 구축한 경우에는 등록된 정보의 현황을 5년마다 확인하고 변동사항을 반영하여야 한다(13·5).
⑤ 법 11·1·3호 [정답] ②

3회독 이후에는 시험 1개월 전까지 이런 식으로 반복하면 된다. 사람에 따라 다를 수 있지만 3~4회독 정도가 되면 통상적으로 한 과목을 2~3일 이내에 다 볼 수 있을 것이다. 그리고 계속 회독하면서 표시된 부분을 점점 지워나가다 보면 하루에 한 과목도 거뜬히 다 볼 수 있게 된다.

이런 방식으로 회독하다 시험을 1개월 정도 앞둔 시점이 되었을 때 시험 직전에 볼 암기장을 만들기 시작하자.

★ 3회독 및 그 이후 요약
1. 직전 회독 때 남겨둔 밑줄 표시 집중해서 읽기
2. 읽으면서 암기된 부분 지우기

■ 암기장 만들기

 시험을 1개월 정도 남겨두고 그때까지 안 외워진 내용은 모두 암기장에 옮겨 적는다. 암기장은 내용만 알 수 있게 최소한으로 줄여 결론만 작성하는 것이 좋다. 그래도 어느 정도는 정성들여 써야 하고, 무성의하게 적지 않도록 한다. 이렇게 작성하는 이유는 시험 전날에는 이것만 달달 암기할 것이기 때문이다. 통상적으로 암기장은 시험 1~2주 정도 전에 한 번, 그리고 시험 전날에 다시 한 번 보면 효과가 매우 좋다. 여러분도 시험 직전에 본 것이 머릿속에 더 잘 남는다는 것을 잘 알고 있을 것이다.

 이처럼 <u>암기장을 만드는 이유는 바로 단기기억을 이용해 마지막까지 암기가 덜 된 부분을 갈무리하려는 것</u>이며, 암기장은 이른바 합법적인 컨닝 페이퍼인 셈이다. 그리고 여러분은 이것을 시험장에 가져가 시험이 시작되기 직전까지 봐야 한다.

 다음 사진은 수기로 암기장을 작성한 예시이다.

[예시] 수기 암기장 작성 요령

　암기장은 직접 수기로 써도 되고, 워드로 작성해도 된다. 객관식 시험 초기 때는 나도 수기로 암기장을 작성하다가 좀 더 속도를 내기 위해 컴퓨터로 타이핑하게 되었다.
　참고로 부동산학개론 같은 과목에서 그림을 넣는 것이 필요한 경우에는 연습장에 그림을 그려 사진으로 찍은 뒤 워드(한글) 파일에 삽입하는 식으로 하면 된다. 다른 과목도 그림이 필요한 경우 그렇게 그려 넣으면 되는데, 그림을 한글파일에 넣는 것이 귀찮은 경우에는 그림 관련 내용만 따로 정리하는 수기 암기장을 별도로 두어도 괜찮다고 본다.

암기장 만들 때의 주의사항

　암기장을 만들 때 무엇보다 중요한 것은 암기장에는 모르는 것만 적어야 한다는 것이다. 암기장은 그간 여러 번 읽었음에도 암기가 안 되는 내용만을 모아놓는 용도로 활용해야 하는데 가끔 공부에 익숙하지 않은 사람들은 불안해서 중요하다고 생각하는 내용들을 모두 암기장에 정리하는 경우가 많다. 결코 그렇게 하는 것이 아니다. 시험에 나올 가능성이 있는 것 중에서 아직 암기가 안 된 내용만을 적어야 한다.
　<u>암기장의 분량은 가급적 과목당 20페이지 이내로 하는 것이 좋다. 그래야 5과목 합해서 100페이지를 넘지 않아 하루 만에 볼 수 있다.</u> 그간 정말 열심히 공부했다면 암기장의 분량은 이보다 더 적을 것이다.
　마지막으로 암기장의 첫 페이지에는 평소 자신이 시험 볼 때 자주 실수하는 사항을 적어놓으면 좋다. 시험 직전에 그것을 보면서 상기하며 실수를 되풀이하지 않도록 하는 장치이다.

강의 듣는 법

많은 사람들이 강의를 들을 때 강사들이 설명하는 내용을 열심히 받아 적는 경향이 있는데, 사실 강의 들을 때는 절대 필기할 필요가 없다. 필기해야 할 정도로 중요한 내용은 분명히 기출문제집에 있기 때문이다. 그러니 그냥 팔짱 끼고 강의 듣는 것에만 집중하도록 하자. 기본서를 볼 필요도 없다. 오히려 시선을 돌리는 순간 여러분의 집중력은 흐트러지게 되고 만다.

만약 아직 출제되지 않았는데 강사가 목숨 걸 정도로 중요하다고 강조하는 내용이 있다면 메모장 같은 곳에 해당 강의와 시간대를 간략히 메모해둔 뒤 나중에 그런 것들만 모아 한꺼번에 정리하도록 하자. 개인적으로 나는 이것마저도 불필요하다고 본다.

다른 사람 신경 쓸 것 없다

다른 사람들이 강의를 멈춘 채 정성스럽고 예쁘게 필기하는 모습을 보면서 불안해할 필요는 전혀 없다. 수험 중반부 정도 접어들면 결국 깨닫게 될 것이다. 그런 것들은 결국 자기만족을 위한 비효율적인 노동에 불과하다는 것을.

막판에 암기장 만들 때나 기출문제를 보면서 안 외워지는 부분에 대한 암기코드 만들 때를 제외한 대부분의 필기는 객관식 시험에서 매우 비효율적인 수단이다. 필기를 하면 마치 오랜 시간 공부하고 뭔가 정성들여 정리한 것 같지만, 실제로 기억에 남는 것이 별로 없으며 문제풀이에 별로 도움 되지 않는다는 사실을 이미 여러분도 경험해봐서 잘 알 것이다. 오히려 그 시간을 아껴 기출문제를 하나라도 더 봐야 한다.

아무튼 <u>강의를 들을 때는 강사를 뚫는다는 기세로 강사가 설명하는 내용을 최대한 이해하는 데만 집중하도록 하자.</u> 물론 그렇다고 강의를 100% 이해할 때까지 반복하라는 뜻은 절대 아니다. 강의 들을 때 다 이해 못하더라도 기출문제로 복습하고, 계속 회독하면서 자연스럽게 알게 되는 것도 많으니 완벽주의에 얽매여서는 안 된다.

한 개의 강의를 다 듣고 나서는 눈을 감고 5분 정도 쉬는 것이 좋다. 이는 눈의 피로를 풀어주고 다시 집중력을 높이기 위함이다.

참고로 강의를 들을 때의 배속은 자신이 이해할 수 있는 속도 범위 내에서 최대한 **빠르게** 들으면 된다.

■ 기본강의 들은 직후 기출 보는 타이밍

많은 사람들이 기출문제집을 볼 때 큰 실수를 한다. 그것은 바로 귀찮다고 기본강의를 처음부터 끝까지 다 듣고 나서 기출문제집으로 복습을 하는 것이다. 그렇게 되면 강의 초반 내용이 생각나지 않아 기출문제 초반부를 제대로 풀 수도 없거니와 내용을 이해하기 위해 다시 강의를 들어야 하는 불상사가 발생한다. 이로 인해 전체 수험기간이 길어지게 됨은 말할 것도 없다.

강의를 듣고 복습을 할 때는 <u>하루(4강) 또는 이틀(8강) 정도분량의 강의를 들은 직후에 바로 해당 진도에 대한 기출문제를 봐야 한다.</u> 그 이상 강의를 듣게 되면 앞부분이 생각 안 나서 기출문제를 제대로 풀 수 없게 된다. 에빙하우스의 망각곡선에 의하면 인간의 기억은 하루가 지나면 공부한 내용의 반 이상을 잊어버리게 된다고 한다. 그러므로 늦어도 하루 이틀 이내에 강의를 통해 이해한 내용을 복습해야 하는데, 강의를 너무 많이 듣고 문제풀이에 들어가지 않도록 진도를 조절해야 한다. 특히 <u>직장인 수험생이라면 연속으로 시청하는 강의 수를 2~4강 정도로 정하는 것이 좋다고 본다.</u>

다시 한 번 강조하지만, 복습이 없는 강의시청은 딱 그때만 이해가 가고, 시간이 지나면 다 잊어버리게 된다. 그러니 위 내용들을 꼭 명심하라. 무의미한 시간낭비를 하고 싶지 않다면!

■ 기본강의를 듣고 나서 기출문제가 풀리지 않는 경우

 기본강의를 시청했는데 기출문제가 제대로 풀리지 않는다면 일반적으로 두 가지 케이스 중 하나를 의심해볼 수 있다. 하나는 기초가 너무 부족해서 기본강의를 들을 만한 실력이 안 되는 케이스, 또 다른 하나는 기본강의를 다 듣고 난 뒤에 기출문제를 푸는 케이스이다.

1. 기본강의를 들을 만한 실력이 안 되는 케이스

 만약 기본강의 내용을 제대로 이해 못 해서 기출을 풀 실력이 안 되는 케이스에 해당한다면 아직 기본강의를 들을 준비가 덜 된 것이다. 이 경우 <u>기초강의를 처음부터 끝까지 듣고 오거나</u>, 그게 시간적으로 부담된다면 반달문의 <u>핵심정리에서 2회 이상 출제된 부분을 빠르게 읽고 다시 기본강의로 돌아오는 것이 좋다.</u> 참고로 기초강의를 들을 때는 기본강의를 들을 때와는 다르게 굳이 복습을 하지 말고 편하게, 즉 최대한 빨리 몰아서 듣는 게 낫다고 본다.

 노파심에 한 가지 더 언급하자면, 복습으로 기출문제를 풀 때는 사실 반타작하거나 그 이하라도 괜찮다. 기본강의에서 들었던 대부분 지문들이 대강 이해가 가고 어느 정도 익숙하다고 느낀다면 굳이 기초강의부터 들으려 할 필요 없다. 문제를 틀리고 맞히고 보다는 기출 선택지들이 읽을 만한지, 즉 틀리더라도 해설을 보면서 '아 맞다! 강의 때 배웠는데 내가 실수 했네!' 정도의 상태면 계속 기본강의를 들으며 기출을 풀기에 충분하다. 괜히 많이 틀린다고 불안감에 기본기를 더 쌓겠다면서 기초강의를 들으며 수험기간을 낭비하지 말란 소리다.

간혹 어려운 문제를 만나더라도 그러려니 넘어갈 만한 배짱이 필요하다. 어차피 당장 내일 시험 보는 것이 아니기 때문이다.

2. 기본강의를 다 듣고 난 뒤에 기출문제를 푸는 케이스

한편 기본강의를 처음부터 끝까지 다 듣고 나서 기출문제를 푸는 케이스에 해당한다면, 이것은 명백히 자신의 실수이다. 합격하고 싶다면 공부 습관 자체를 바꿔야 한다. 분명 귀찮아서 강의를 몰아 듣고, 기출도 몰아서 풀려고 했을 것이다.

하지만 이 방법은 결국 한 번에 끝낼 수 있던 것을 두 번 이상 보게 만드는 비효율을 초래한다. 이런 상황이 되어 버렸다면 기본강의를 처음부터 다시 듣는 것보다는 그보다는 <u>이해가 안 되는 해당 부분만 골라서 발췌식으로 인강을 듣거나</u>, 지겨워서 도저히 강의를 못 듣겠으면 이 책에서 후술할 <u>핵심기출법 2회독부터 착실히 진행하도록 하자</u>.

기본강의만으로 족하다

시중에 있는 강의들은 그 종류와 양이 불필요할 정도로 많다. 입문(기초), 기본, 심화, 기출, 요약, 예상문제강의 등등 솔직히 말해 이 중에서 가장 들을 만한 강의는 기출문제를 보기 쉽게끔 토대를 만들어주는 기본강의 정도이다. 그리고 심지어 기본강의조차 토대가 만들어진 뒤에는 더 이상 필요하지 않다. 그 뒤에는 강의 없이 단원별 기출문제집만을 가지고 반복하는 것이 훨씬 효율적이다.

아래는 간혹 불안해서 이 강의, 저 강의를 풀코스로 다 들으며 시간을 낭비하는 사람들을 위해 만들어본 질문과 답변이니 읽으면서 여러분도 한 번 잘 생각해보시기 바란다.

(질문1) 여러분은 왜 강의를 듣는가?
(답변1) 시험에 합격하기 위해서다.

(질문2) 그럼 합격하기 위해서는 무엇이 필요할까?
(답변2) 합격선을 넘을 정도로 문제를 잘 푸는 실력이 필요하다.

(질문3) 그런 실력을 갖추려면 어떻게 공부해야 할까?
(답변3) 시험에 나올 부분만을 공략하고, 실전에 빨리 익숙해지는 것이다.

(질문4) 그것을 가장 빠르게 할 수 있는 도구는 무엇인가?
(답변4) 바로 기출문제다. 이 시험은 기출문제를 응용해 출제하기 때문이다.

그렇다면 기출문제 푸는 단계로 최대한 빨리 들어갈 수 있도록 만드는 것이 관건인데 다행히 공인중개사 시험의 경우 기본강의를 듣는 것만으로도 그것이 가능하다.

가급적 기본강의는 전 범위를 커버하는 강사의 것이 좋지만 설사 기본강의에서 모든 진도를 나가지 않더라도 그 부분만 골라 심화강의로 보충하면 된다.

만약 기본강의를 들으면서 강의 내용에 대해 전혀 이해가 안 된다면 아직 기본강의를 들을 준비가 안 된 상태이니 그때는 예외적으로 기본강의를 듣는 것을 멈추고, 기초강의를 복습 없이 빠르게 몰아 듣도록 하자.

요컨대 절대 강의에 의존하는 공부를 해서는 안 되고, 강의는 필요 최소한 만큼만 들어야 수험이 빨리 끝난다는 것을 명심하라. 강의에 너무 집착하면 수험생활 내내 강의라는 쳇바퀴를 무한 반복하는 햄스터처럼 되고 만다. 결국 기출문제로 독학하는 시간을 늘려야 시험에 붙을 확률이 올라가는 것이다.

■ 혹시 기본강의가 아닌 다른 강의는 안 되는 것인가

이 책을 보는 여러분 중에는 이미 기본강의를 들어서 같은 강의를 다시 한 번 더 듣는 것이 부담스러운 사람도 있을 것이다. 그런 경우 심화강의나 핵심요약강의를 들으면서 기출문제로 복습해도 상관없다.

내가 기본강의를 추천하는 것은 기출문제를 푸는 데 필요한 최소한의 실력을 쌓기 위한 도구라서 그런 것뿐이지, 이미 여러분이 기본강의보다 더 높은 수준의 강의를 소화할 수 있는 상황이라면 심화강의나 핵심요약강의로 대체해서 듣는 것도 얼마든지 가능하다.

아울러 강의 자체를 듣는 것이 싫증난 상황이라면 핵심정리를 보면서 기출문제를 복습하는 방식(핵심기출법)으로의 전환도 당연히 가능하고 말이다.

■ 인강 평생 환급반

　기본강의만 듣는데 굳이 환급반이나 프리패스 강의를 들을 필요가 있는지 궁금해하는 분들이 계실 것이다. 그러나 <u>반드시 합격한다는 전제 하에 환급반이 가장 저렴하다는</u> 것은 분명하다. 나 역시도 2021년 합격 당시 100% 환급반에 가입하여 전액 환불을 받았었고 말이다. 갈수록 환급반이 사라지는 추세인 듯하지만 혹시 행사가 진행 중이라면 적극 추천한다.
　참고로 환급반은 기본강의를 듣다가 강사가 마음에 안 들어 다른 강사로 변경하거나, 기본강의에 안 나오는 내용에 대해 심화강의의 일부를 듣고자 할 때, 또는 기본강의를 들을 실력이 부족하여 기초강의를 듣고자 할 때 특히 유용하다.

■ 학원을 선택할 때

 학원을 선택하는 기준은 다양하지만 강의기출법으로 공부하는 경우에는 역시 강사가 가장 중요하다고 생각한다. 합격수기에서 사람들이 가장 많이 선택한 강사들을 선별해놓은 다음, 그 강사들의 오리엔테이션 강의를 들어본다. 그리고 발음, 억양 등에 문제가 없고 출제 포인트를 잘 짚어주며 지루하지 않게 가르칠 것 같은 강사를 선택하면 된다.
 한편 기출문제집을 기준으로 학원을 선택하는 것은 어떠냐는 물음이 있을 수 있다. 그러나 내가 생각하기에 기출문제집은 굳이 학원과 맞출 필요는 없다고 생각한다. H학원의 인강을 들으면서 얼마든지 E학원에서 나온 기출문제를 볼 수도 있고, 반대의 경우도 가능하다. 대부분 학원에서 만드는 교재들은 목차와 수록된 문제에 있어서 큰 차이가 나지 않기 때문이다. 단원별 기출문제집은 문제가 최대한 많이 수록되어 있고 문제 바로 아래나 문제 주변에 해설이 풍부하기만 하면 된다.

■ 기출문제의 중요성

　이 책에서 소개하는 공부법 중에서 가장 중요한 요소는 기출문제에 대한 이해와 암기이다. 강의를 듣든 핵심정리를 읽든 결국 이것들은 기출 지문의 이해와 암기를 돕는 수단들인 것이다. 사실 각종 학원에서 막판에 만들어 배포하는 100선이니 뭐니 하는 것들도 사실 기출 지문의 일부고 말이다.

　반드시 기본서나 요약서를 봐야만 한다는 생각은 큰 착각이자 편견이다. 오히려 <u>적당히 빠른 타이밍에 기출문제에 익숙해져야 실력이 더 크게 오르는 법</u>이다. 달리기를 예로 들어보자. 달리기도 안 하면서 달리기 기본이론만 열심히 공부한다고 달리기가 늘겠는가? 달리기 분석 영상을 보았으면 얼른 자신도 필드로 나가서 영상에 나온 것들을 따라하며 달리는 법을 터득해야 달리기가 빨리 늘게 될 것이다. 일단 달려봐야 그 다음에 뭘 할지, 자신에게 진짜 무엇이 부족한지도 판단이 서게 된다.

복습 때는 많이 틀려도 괜찮다,
맞고 틀리는 게 중요한 것이 아니다

　기출문제를 보는 이유는 단순히 문제를 맞히기 위해서가 아니라, 실전감각을 쌓고 시험에 다시 나올 부분에 대한 반복학습을 통해, 시험을 꿰뚫기 위한 것이다. 앞서 강의를 듣고 기출로 복습할 때 다소 많이 틀리거나 심지어 반타작보다 못해도 괜찮다고 했다. <u>합격한 나도 이미 그런 과정을 거쳤다.</u>

  이 방식대로 공부하는 것만으로도 여러분은 기존보다 한 단계 이상 발전한 것이다. 많이 틀렸다고 걱정할 것 없다. 결전의 날, 딱 하루만 시험을 잘 보면 그만이다. 이 책의 방법대로 충실히 3회독 정도를 완수했을 무렵이 되면 여러분의 실력은 분명 크게 오른 상태가 될 것이라고 장담한다.

왜 출제위원은 기출문제를 응용해서 다시 출제하는가

앞서 언급했던 것처럼 출제위원들은 기출문제를 응용하고 조금씩 바꾸어 다시 출제한다. 그렇다면 그 이유는 무엇일까?

여러 이유가 있지만 우선 첫째로 시험의 난이도를 조절하기 위해서다. 매번 모든 유형을 새롭게 출제할 경우, 시험이 목표로 하는 인원만큼의 합격자를 배출하지 못할 가능성이 높다. 1000명을 뽑으려고 했는데 무려 2000명이 합격하거나, 겨우 500명만이 합격하게 되면 그 시험은 당초 목표를 달성하지 못한 것이다. 그러므로 목표인원만큼을 뽑기 위해서는 기존 시험의 난이도를 기준으로 삼을 필요가 있고, 그러려면 당연히 기출문제를 검토할 수밖에 없다.

또한 둘째로 사람이 쉽게 바뀌지 않듯이, 사람이 만든 관행도 쉽게 바뀌지 않는 경향이 있기 때문이다. 그동안 계속 기출문제를 응용해서 출제해왔는데, 갑자기 출제체계를 바꾸는 것은 쉽지 않은 일이고, 어떠한 큰 문제가 발생한 것도 아니기에 굳이 바꿀 필요가 없는 것이다.

게다가 셋째로 출제위원들의 명예와도 관련이 있다. 특히 공무원 시험 같은 경우에는 오류가 있는 문제를 출제한 출제위원을 두 번 다시 출제위원으로 섭외하지 않는다는 이야기가 있는데,

그만큼 잘못된 문제를 출제하는 것은 출제위원 입장에서 불명예이자, 책임을 져야 하는 부담스러운 일이다. 그러므로 출제위원 입장에서는 기존 문제를 응용해 안전하게 출제하는 것이 우월전략인 셈이다.

덧붙여 말하자면, 이 시험의 경우 이번 해 시험에서 정답이었던 지문이 바로 다음해 시험에서 오답으로 출제되는 경향이 있고, 과거 몇 년도 기출들의 주요 선택지문을 하나씩 조합하여 새로운 문제로 출제하는 식의 패턴이 많다는 것을 참고로 알아두자.

기출문제집 선택 법

기출문제가 중요하다는 것은 이미 강조해서 어느 정도 알았을 것이다. 그렇다면 기출문제집은 어떻게 골라야 할까? 기출문제집을 고를 때는 크게 두 가지 정도 고려해야 할 것이 있다.

우선 첫째로 반드시 해설이 풍부한 단원별 기출문제집을 선택하여야 한다는 것이다. 연도별 기출문제집은 보통 문제의 바로 근처에 해당 문제에 대한 해설이 없다. 그래서 공부할 때 페이지를 왔다 갔다 해야 하는데 이는 매우 불편하고 강의를 복습할 때 비효율적이다.

또한 가끔 단원별 기출문제집 중에 판례번호만 덩그러니 적어놓는 등 해설이 불친절한 문제집이 있는데 그런 책으로는 공부하기 어려우므로 절대로 고르지 않도록 주의하여야 한다. 비록 해설을 샅샅이 다 읽을 필요는 없지만 기출문제집이 기본서를 대체할 정도로 중요한 만큼, 각 선택지를 이해하기 위해 필요한 내용은 충분히 수록되어 있어야 한다.

다음으로 둘째는 충분한 연도만큼의 문제가 수록되어 있어야 한다. 특히 객관식 시험의 경우 단원별 기출문제집에 단권화를 하는 것이 매우 효율적인데, 지나치게 얇은 문제집으로는 그게 불가능하거니와 그런 기출문제집을 다 본다 해도 합격선에 도달하기 어렵다. 특히 이 시험의 경우 합격선에 안전히 도달하기 위해서는

<u>적어도 10년치 문제가 수록돼있는 기출문제집을 선택</u>해야 한다. 나의 경우 위와 같은 기준으로 민법은 해x스, 공법은 에x윌 것이 더 좋다고 판단하여 단원별 기출문제집을 두 종류 구입했었다.

한편 이 책을 집필하면서 여러 단원별 기출문제집을 분석한 결과 기출문제집의 구성이나 수록 문제 수 등이 매년 크게 달라지는 경향이 있다는 것을 알 수 있었다. 강사들이 자주 바뀌는 탓인지 작년에 좋지 않았던 회사의 책이 올해는 좋아지거나, 반대로 작년에 좋았던 회사의 책이 올해는 공부하기 불편하게 바뀌는 경우가 꽤 있었다. 그래서 매년 단원별 기출문제집을 고를 때는 잘 확인해야 한다.

참고로 최근 시험의 출제경향을 보면 학개론, 민법, 공법 과목에서 최근 15개년 기출지문들이 골고루 출제되고 있는데, **<u>반달문 출판사에서 나온 기출문제집은 15개년 이상의 문제가 빠짐없이 수록되어 있고, 해설도 풍부한 편</u>**이라 안전하게 합격하기 위한 대비용으로 꽤 괜찮다고 본다. 만약 반달문 교재의 오탈자나 개정사항 등이 걱정된다면 <u>반달문 기출(주 교재)+공스모 어플(보조)의 조합으로 공부해도 좋다.</u>

꼼꼼히 비교하고 검토해봐야 한다,
기출문제집 선택은 합격에 큰 영향을 준다

앞서 말한 것처럼 기출문제집을 고를 때 어떤 과목은 어느 출판사의 기출문제집이 좋은지를 잘 따져봐야 공부 도중에 시행착오를 줄일 수 있다. 참고로 기출문제집을 고를 때는 서점에 가서 직접 고르는 것이 좋다. 인터넷 미리보기만으로는 부족할 수 있기 때문이다.

아무리 좋은 공부법으로 공부하더라도 부실한 교재를 선택하게 되면 실력이 제대로 오르지 않을 수 있다. 이런 불상사를 방지하기 위해서 특히 기출문제집 고를 때에는 매우 신중해야 한다. 단원별 기출문제집은 수험 초기부터 후반부까지 함께 해야 하는 가장 중요한 무기로서 당락까지 결정할 수 있기에 더욱 그렇다.

참고로 기출문제집은 반드시 듣고 있는 인강의 강사가 집필한 것을 볼 필요는 없고, 꼭 자신이 수강하는 학원에서 출간한 것을 볼 필요도 없다. 현재 듣는 인강과 목차만 유사하다면 어느 것을 봐도 상관없다. 단 무조건 앞서 내가 말한 두 가지 조건을 충족하는 것으로 선택해야 한다.

기본서와 기출문제집의 관계

많은 수험생들이 착각하는 것이 있다. 그것은 바로 강의를 듣고 기본서로 기본기를 쌓아야만 문제를 풀 수 있는 실력이 갖춰질 거라는 믿음이다. 그런데 이것은 사실이 아니다. <u>실제로 기본서와 기출문제집에는 '같은 수준'의 내용이 쓰여 있기 때문</u>이다. 의심이 든다면 당장 기본서와 기출문제의 지문을 서로 한 번 비교해보라. 과연 기출문제집의 지문이 기본서의 지문보다 더 어렵게 되어있는가? 절대 아니다.

단지 기출문제집은 기본서의 내용을 거두절미하여 시험문제에 단골로 나오는 핵심적인 내용만을 담고 있을 뿐이다. 그리고 엄밀히 말해 오히려 기본서에 더 어려운 개념들이 많고, 기본서를 잘못 보게 되면 중요하지도 않은 이것저것을 보다가 공부가 아예 삼천포로 빠져버리게 된다.

그래서 우리는 강의를 들은 뒤 기본서를 건너뛰고 바로 기출문제집으로 넘어가야 하는 것이다. 기본서는 이름만 기본서지, 실상은 그저 백과사전, 또는 참고서에 불과하다고 보면 된다.

여러분께 진정 필요한 것은 기본서의 방대한 이론이 아니라, 기출문제와 그 해설에 녹아있는 이론 엑기스이다.

이 시험은 우리가 어릴 적에 알던 영어, 수학이 아니다

공인중개사 시험을 비롯해 많은 자격증 시험의 과목들은 여러분이 생각하는 것만큼 단계적이지 않다. 즉 우리가 어릴 때 배웠던 영어나 수학처럼 모든 단원이 유기적이고 단계적으로 연결돼있지 않다는 소리다. 과목에 따라서는 1단원을 몰라도 2단원을 공부할 수 있고, 책의 전반부를 몰라도 후반부를 이해할 수 있다.

따라서 단기간에 합격을 하고 싶다면, 기본서나 요약서를 통해 기본기를 최대한 쌓으려고 할 것이 아니라, 기본강의나 핵심정리를 통해 아주 최소한의 기본기, 또는 적당한 감이 생기자마자 바로 문제풀이에 돌입하는 것이 합격을 위해 가장 빠른 방법이라는 것을 깨달아야 한다.

■ 왜 요약집 등이 아닌 기출문제집인가

　사실 이 시험은 절대평가 방식인데다가 상대적으로 공부할 분량이 적은 중개사법 같은 전략과목이 있어 요약집 등으로 공부해도 합격할 수 있기는 하다. 하지만 그럼에도 요약집이나 빈출지문 모음집보다 기출문제집이 더 나은 이유가 몇 가지 있다.

　우선 첫째로 기출문제집으로 공부하면 실전 연습에 대한 부담이 크게 줄어든다. 기출문제는 실제 시험이 어떤 식으로 출제되는지를 보여주고, 실전 같은 학습을 할 수 있게끔 도와주는 최고의 수단이다. 그저 초반 회독 때 복습으로 기출문제를 풀고, 다음 회독부터 암기가 덜 된 부분을 반복해서 읽는 것만으로도 실제 시험에 대한 두려움이 상당히 줄어들게 된다. 뿐만 아니라 기출문제 위주의 공부는 중간중간 따로 시간 내어 모의시험을 치르지 않아도 되며, 시험 1개월 전부터 실전연습을 어느 정도 하는 것만으로도 실제 시험에 대한 충분한 대비가 된다.

　그리고 둘째로 기출문제집으로 본 것은 요약집 등으로 본 것보다 더 오래 기억에 남는다. 우리는 기출문제를 풀 때 나름 고민도 하고, 심지어 열심히 고민한 문제를 틀리면서 충격을 받게 된다. 이처럼 우리의 두뇌는 같은 내용이라도 더 자극적인 방식으로 접한 것을 훨씬 더 잘 기억하게 되는데, 요약서나 빈출지문 모음집에 쓰여 있는 문장을 그저 무미건조하게 읽는 것보다 기출문제집에 있는 문장을 고민하며 읽거나, 풀다 틀려서 자극을 받았을 때 그 지식을 더 오래 기억하게 된다.

다음 셋째로 기출문제 위주의 공부법은 장기적으로 우리에게 공부하는 요령과 자신감을 길러준다. 이 시험보다 더 어려운 감정평가사 시험을 비롯해 소위 8대 전문직 자격시험을 준비하는 사람들도 대부분 기출문제를 중심으로 공부하고 있다. 그만큼 객관식 시험에서 기출문제는 중요하며, 이 시험을 넘어 더 고난도 상대평가 시험을 준비하더라도 이 공부법을 충분히 활용할 수 있기 때문에 다방면에서 유용한 이 기출 중심의 공부법을 굳이 마다할 이유가 없는 것이다.

전년도 교재와 강의

1차 과목의 경우는 매년 내용이 크게 바뀌지 않아 상대적으로 전년도 교재를 이용해도 큰 무리가 없는 편이다. 하지만 가끔 새롭게 개정되거나 판례가 변경되기도 하니 그런 부분이 있을 때마다 교재에 꼭 반영해야 한다.

한편 2차 과목의 경우 관련 법령들이 매년 여러 차례 개정되는 경향이 있으므로 반드시 최신 것을 사용하도록 하자.

강의의 경우, 매년 최신 경향을 반영하고 있으니 1, 2차를 불문하고 무조건 최신 강의를 듣는 것이 좋다고 본다. 강의 중에 어떤 부분이 전년도와 달라졌는지를 알려주므로 혹시 전년도 1차 교재를 사용하는 사람의 경우에는 강사가 변경된 부분을 언급할 때 반드시 체크해두자.

■ 대체 몇 회독을 해야 하는가

사실 그런 건 없다. 시험 전까지 시간적 여력이 있는 만큼 반복하면 좋기는 하다. 나의 경우 이 시험에 강의기출법을 사용했고, 직장과 대학원을 병행한 탓에 겨우겨우 3회독을 마친 상태에서 암기장은 만들지도 못한 채 시험에 응시했다. 그런데도 합격할 수 있었다. 물론 합격선을 간신히 넘은 수준이었지만 말이다.

한편 과거에 전업수험생으로 7급 공무원 시험을 준비했을 때는 강의기출법과 핵심기출법을 병행하여 4회독 정도를 깔끔하게 마친 뒤 전 과목(7과목)의 암기장을 충실히 만들어 80~90점대의 고득점으로 합격할 수 있었다.

사실 사람마다 회독의 성취도나 완성도가 다를 수 있기에 몇 회독을 하는 것이 좋다고 일률적으로 말할 수는 없다. 어디까지나 회독을 멈출 수 있는 척도는 기출문제집을 볼 때 <u>이제 더 이상 지울 밑줄이 없는 상태에 도달하는 것</u>이 되어야 한다. 이 정도 상태가 되면 암기장을 만들어도 될 때라고 할 수 있다.

하지만 대부분의 수험생은 통상적으로 이런 상태에 도달했다고 스스로 판단하기 어려울 수 있으니, 자신이 전업수험생이라면 회독 수에 연연하지 말고, 시험 1개월 전까지는 묵묵히 반복 회독하되, 최소한 4회독 이상은 할 것을 권장한다.

회독할 때 완벽주의는 가급적 지양하도록 하고, 갈수록 익숙해진다는 느낌과 조금 더 분량을 줄인다는 마인드로 접근하자. 완벽주의는 암기장을 다 만든 뒤 그것을 암기하는 시점에나 필요한 것이다.

시험 1개월 전부터가 본격적으로 라스트 스퍼트를 할 때다. 그러니 그 전에는 공부할 때 너무 스트레스 받거나 조급해하지 말자. 그러다 힘이 빠져 막판에 전력질주를 할 수 없게 되면 낭패다.

■ 반달문에서 나온 기출문제집도 있다

앞서 소개한 핵심정리를 출간한 반달문이라는 출판사에서도 단원별 기출문제집과 연도별 기출문제집을 판매하고 있다. 이 중에서 단원별 기출문제집은 시중에 있는 문제집에 비해 다음과 같이 꽤 유용한 측면이 있으니 참고하기 바란다.

우선 첫 째로 2023년판 기준으로 무려 15년치의 문제가 수록되어 있다. 시중에 있는 기출문제집의 경우 평균적으로 약 7~10년치 정도의 기출이 수록되어 있고 통계분석에 따르면 이는 실제 시험에서 약 65~70점 정도의 득점이 가능한 수준인 반면, 반달문의 단원별 기출문제집은 약 80점 이상을 커버할 수 있을 정도로 분량이 방대하다.

다음으로 두 번째는 가격이 매우 저렴하다는 것이다. 6,500원 정도에 구입이 가능한데, e북에 최적화된 교재이므로 스마트폰, 태블릿이나 PC에서 사용 시 책갈피나 형광펜 기능을 이용하여 편리하게 볼 수 있다. 개인적으로 시력이 나빠질 수 있어 PC 모니터로 공부하는 것보다는 저자의 블로그(blog.naver.com/bandalmun)를 통해 PDF 파일을 구입하여 스프링 제본으로 만들어 보는 것을 추천한다.

한편 반달문 기출문제집의 단점으로는 시중에 있는 유명회사들의 문제집에 비해서 오류 수정이 느릴 수 있으므로 이 점을 유의해야 하고, 오탈자나 오류를 발견한 경우에는 e북의 자체 메모 기능을 통해 수정사항을 반드시 기재해두어야 한다.

■ 단원별 기출문제집 보는 법

　기본강의나 핵심정리에 대한 복습을 위해 단원별 기출문제집을 풀 때는 시간을 재지 않고 풀되, 선택지 5개를 꼼꼼히 읽어가며 숙지가 덜 된 지문이나 해설 부분에 밑줄을 그어 둔다. 이 때 간략한 메모나 암기코드 작성도 기본서가 아니라 기출문제집에 하도록 한다.

　여러 번 강조하지만 틀린 지문의 경우 맞는 지문으로 고쳐서 이해해야 한다. 그리고 한 단계 더 나아가 틀린 지문은 어느 부분을 어떻게 틀리게 했는지를, 해설의 맞게 고쳐진 부분에 동그라미로 표시해두어 출제 포인트를 체크해두는 것이 좋다. 이 시험은 일부 기사시험이나 운전면허시험처럼 단순히 문제와 답만 외워서는 절대로 안 된다. 가급적 5개의 선택지를 모두 이해하고 암기하며, 출제 포인트를 확인해두는 것이 필요하다.

　한편 기출문제집에 같은 주제의 문제가 3회 이상 실려 있다면 비슷하게 또 출제될 확률이 매우 높으니 그 중 대표 문제를 하나 골라 페이지마커 포스트잇을 붙여두는 것을 권장한다. 그 정도 빈출이라면 다시 출제될 확률이 거의 50%는 된다고 보면 된다.

기출문제를 대하는 자세

당장 복습할 때는 문제를 맞혔다고 그 문제를 마스터한 것도 아니고, 틀렸다고 낙담할 필요도 없다. 어차피 여러분은 회독하면서 기출 지문 하나하나를 여러 번 보게 될 것이다. 즉 <u>기출문제를 보는 목적은 시험 전까지 가능한 한 모든 기출 지문의 가부를 판별할 수 있을 정도로 마스터를 하기 위함</u>이지, 복습할 때 기출문제를 맞히고 틀리고는 사실상 큰 의미가 없다고 생각하면 된다. 정답은 시험 당일에만 맞히면 된다.

■ 기출문제집을 볼 때 유의할 점

　앞서 설명했지만 처음 기출문제를 풀 때는 단순히 정답을 맞히는 것으로 끝나서는 안 된다. 답을 못 찾겠더라도 적어도 몇 분 정도는 고민해보고, 답을 찾더라도 바로 넘어가지 말고 오답인 지문들과 해설을 보면서 <u>모든 선택지문을 최대한 이해하려고 노력하여야 한다.</u>
　문제를 풀어본 다음에는 연필 또는 샤프로 다음 회독 때 다시 읽어볼 내용에 밑줄을 긋는다. 평생 안 잊을 것 같다고 생각이 드는 지문에는 굳이 밑줄을 그을 필요 없다. 다시 봤을 때 헷갈릴 것 같다고 생각되는 부분들에만 밑줄을 긋는 것이다. 알록달록한 형광펜을 쓸 필요 없다. 그냥 샤프펜 한 자루가 제일 좋다. <u>샤프펜을 권하는 이유는 다음 회독 때 더 이상 안 볼 부분을 지우개로 지워야 하기 때문</u>이다.
　서로 다른 회차 시험에 여러 번 동일지문으로 출제된 문장 중 숙지하기 어렵다고 판단되는 것이 있다면 2회독 때 두 번 정도 읽을 목적으로 각각의 지문에 중복으로 밑줄을 그어놔도 괜찮다. 다만 회독을 하면서 갈수록 분량과 시간을 줄여야 하므로 2회독할 때는 한 군데만 남겨두고 지우는 것이 좋다.
　한편 때로는 정말 어렵거나 생소한 문제를 만나면 5개 지문 모두에 밑줄 표시를 하게 될 수도 있다. 아주 간혹 그런 문제가 있더라도 그러려니 하고 넘어가되, 완벽히 아는 지문까지 나중에 잊어버릴까 불안해서 밑줄을 긋지 않도록 주의하자.

회독 중 실력점검을 하고 싶을 때

이 책에서 소개하는 방법으로 제대로 공부한다면 4회독 정도를 하고난 뒤에는 웬만한 기출문제를 뒤섞어놔도 신기하게 다 풀릴 것이다. 즉 4회독까지 진행한 이후에는 자신의 실력을 체크하기 위해 연도별(회차별) 기출문제나 유사시험의 기출문제를 풀어서 실력을 테스트 해보면 좋다. 모의고사를 푸는 것은 별로 권장하지 않으며, 그보단 차라리 그간 틀린 문제를 쭉 한 번 풀어보는 것이 낫다.

간혹 기출문제는 이미 출제된 문제인 데다가 여러 번 봤으니 당연히 풀리는 게 정상이고, 새로운 문제가 출제되면 쓸모없는 거 아닌지 의심하는 사람들이 있는데, 정 의심 된다면 4회독 정도까지 진행한 이후에 감정평가사 1차 시험 과목 중 공인중개사 시험과 겹치는 과목을 가져다가 모의 테스트 해보도록 하라. 의외로 잘 풀려서 자신감이 올라갈 것이다. 그리고 또 한 가지 방법으로 평소에 직전 회차 기출문제를 풀지 않고 아껴두었다가 시험 직전에 모의연습용으로 풀어보는 방법도 괜찮은데, 내가 사용했던 방법이기도 하다.

단원별 기출문제집을 한 번만 푸는 이유

이 책에서는 단원별 기출문제집을 처음 복습할 때 한 번만 풀어보고, 그 다음 회독부터는 밑줄 등으로 표시한 부분만을 읽으라고 권하고 있다. 그래서 이에 대해 의구심을 갖는 분들이 있을 것이라 본다. 단원별 기출문제집을 한 번만 풀라는 이유는 다음과 같다.

우리에게 주어진 시간과 에너지는 한정적이다

우선 첫째로 수험기간동안 쓸 시간과 에너지를 절약하기 위해서이다. 우리는 문제를 풀기 위해 상당한 에너지와 시간을 쏟는다. 1회독 때 기출문제를 풀고, 2회독 때 또 풀고, 3회독 때 또 푼다고 가정해보자. 그럼 회독을 거듭해도 공부시간이 크게 절약되지 않아, 전체적으로 수험기간이 대폭 늘어나고 점점 지치게 될 것이다. 우리는 한 과목만 공부해서 시험을 보는 것이 아니다. <u>회독을 거듭할수록 전 과목을 더 빠르게 돌려야 하므로 시간과 에너지를 절약하는 것은 매우 중요한 일이다.</u>

과한 문제풀이는 비효율적이다

 다음으로 둘째는 여러 번 푸는 것이 의외로 비효율적이기 때문이다. 일단 아는 문제를 계속 푸는 것은 말할 것도 없고, 잘 모르는 문제나 틀린 문제를 여러 번 푸는 것도 마찬가지다. 공부를 어느 정도 해본 사람이라면 한 번 틀린 문제를 두 달 뒤 다시 풀었을 때 또 틀려본 경험이 있을 것이다. 그리고 그런 문제는 다시 두 달 뒤에 풀어도 또 틀리기 일쑤다. 심지어 한 3~4번 틀리고 나면 자신이 바보 같다는 생각이 들기도 한다. 결코 여러분이 바보가 아니다. 나도 이런 식으로 같은 문제를 3번 이상 틀려봤다. 그리고 무엇이 문제인지 대책을 마련하기 위해 고민했고, 이 책의 회독방법은 그렇게 고안된 것이다. 어느 정도 공부했다면 틀리는 이유는 결정적인 지문 한둘 때문인데, 비효율적으로 매번 5개의 지문을 다 볼 필요는 없지 않은가. 간혹 틀린 문제를 한 5~6번 풀다가 결국에 터득하는 경우를 볼 수 있는데 그렇게 좋은 방법은 아니다. 우리는 이렇게까지 여유롭지 않기 때문이다.

 단원별 기출문제집을 초반에 한 번만 풀더라도 시험 직전에 암기장을 만들고 난 뒤에 회차별 기출문제 등으로 모의 테스트를 하면서 실전경험을 넉넉히 쌓을 수 있다. 그러니 염려하지 말고 밀고 나가자. 회독에서 속도는 생명과 같다. 오히려 너무 느리게 회독하면 알던 것도 잊어버리게 된다는 것을 명심하자.

■ 틀린 문제만 다시 풀어보는 회독방법은 어떤가

　절충안으로 모든 문제가 아니라 틀린 문제만 다시 풀어보는 것은 어떠냐고 묻는 사람이 있을 수 있어서 이에 대해 언급하고자 한다. 사실 이 방식도 잘못 운영하면 맹점이 생길 수 있다.

　만약 다음과 같이 두 개의 문제가 있는데, 하나는 맞혔고 다른 하나는 틀렸다고 가정해보자. 맞힌 문제는 5개 지문 중 결정적인 지문 1개를 확실히 알아서 맞혔으나, 나머지 지문 4개는 잘 모르는 상황이다. 반면 틀린 문제는 5개 지문 중 3개는 확실히 알았지만 나머지 2개의 지문을 정확히 숙지 못하여 둘 중 하나를 잘못 골라 틀린 상황이다. 이런 경우 맞힌 문제를 다시 안 보고 넘어가버리면 자신의 공부에 구멍이 생길 수 있다.

　따라서 틀린 문제만 다시 풀어보는 전략을 택하더라도 맞힌 문제의 숙지가 덜 된 지문에 밑줄 표시를 착실히 해두었다가 암기가 다 됐다고 판단했을 때까지 읽어나가는 작업을 무조건 병행하여야 한다.

　하지만 처음 문제를 풀었을 때 거의 반타작을 했을 가능성이 높으므로 이 병행방법도 회독속도를 올리는 데 꽤 장애요인이 될 수 있어 권하고 싶지는 않다.

나의 경우에도 과거 다른 시험을 준비할 때 틀린 문제만 다시 풀어보는 것을 맞힌 문제의 밑줄 표시 읽는 것과 병행한 적이 있었지만 효율성의 문제에 직면하여, 결국 이 방법 역시 포기했었고, 앞서 언급했던 것처럼 막판 암기장을 만드는 정리 작업 때 충분히 보완해줄 수 있다고 판단하였다.

합격에 크게 도움 되는 것들과 그렇지 않은 것들

 개인적으로 이 시험의 합격에 크게 도움 되는 것과 그렇지 않은 것들을 3단계로 분류해보았다.

1. 큰 도움이 되는 것들 : 기본강의, 핵심정리, 단원별 기출문제집, 암기장 등
2. 상황에 따라 쓸모 있는 것들 : 기초강의, 심화강의, 특강, 기본서, 요약서, 100선, 동형 모의고사
3. 크게 도움 안 되는 것들 : OX문제집, 진도별 모의고사

 이 분류는 어디까지나 최고 효율의 합격을 기준으로 잡은 것이다. 예컨대 서울에서 부산까지 일반적으로 KTX를 타고 가는 방법이 가장 빠를 것이다. 그러나 걸어가거나 자전거를 타고 가도 언젠가는 부산에 도착할 수 있을지 모른다. 이런 예시를 든 이유는 비효율적으로 공부해서 합격한 사람들도 분명 있다는 이야기를 하고 싶었기 때문이다. 그리고 그런 의미에서 2번이나 3번에 해당하는 것들도 아예 쓸모없지는 않다.
 하지만 우리는 이 시험을 5년, 10년 준비할 것이 아니다. 그렇기에 우리는 가장 빠른 합격을 위한 선택과 집중을 해야 한다.

나의 경우 인강 환급반을 신청하고 받은 기초입문서, 기본서, 기출문제집, 요약서, 예상문제집 중에서 기출문제집을 제외한 나머지 교재는 모두 당근마켓에 팔아버렸다. 어차피 기본서의 기능은 핵심정리가 대체할 수 있는데다가 나머지는 별로 도움이 안 되면서 책장의 자리만 차지하고 있었기 때문이다.

■ 학원 모의고사는 과감히 패스해도 좋다

 일반적으로 학원 모의고사는 한 분야에서 최고의 권위자들이 몇 주 간 고심해서 출제한 기출문제에 비해 그 격이 현저히 낮다. 조금 심하게 말해 학원 모의고사는 차라리 안 보는 것이 보는 것보다 더 이득이라고 생각한다. 여러 학원들의 모의고사는 실제 시험과 다소 동떨어져 있고 퀄리티가 낮은 문제들이 난무해, 제대로 공부해온 수험생들에게 정신적, 육체적 스트레스를 안겨주는 것은 물론, 더 중요한 것을 공부해야 할 소중한 시간을 낭비하게 만든다.

 나 역시 과거에 공무원 시험을 준비할 때부터 이 사실을 잘 알고 있었기에 이 시험을 준비하면서 모의고사를 단 한 번도 치르지 않았다. 실제로 나는 공무원 학원 모의고사에서 55점 나오던 사람이 일주일 뒤 실제 시험에서 95점을 받는 경우도 보았다. 그러니 여러분이 혹시 실수로라도 모의고사를 치렀다면 그 결과에 낙담하거나 좌절할 필요가 전혀 없다. 그냥 깔끔하게 잊어버리도록 하라.

기출특강도 굳이 들을 필요는 없다

　기출특강을 들을 때는 강사가 원리를 차근차근 잘 설명해주니 마치 다 이해가 되는 것 같고, 특강을 듣고 나면 공부를 많이 한 것 같은 기분이 들 수 있다.

　하지만 기출문제는 스스로 고민하고 해결하는 과정을 통해 더욱 오래 기억에 남고, 풍부한 실전감각이 쌓이게 된다. 이런 이유에서 나는 기출문제를 풀어보기도 전에 기출특강부터 듣는 것은 별로 좋은 선택이 아니라고 생각한다.(실제로 공무원 시험에서도 기출특강이 그렇게 유용하지는 않다.) 그리고 기출문제를 스스로 해결한 이후라도 시간이 남아돌지 않는 이상에야 굳이 소중한 시간을 할애해 기출특강을 들을 필요는 없다고 본다. 그 시간에 다음 회독을 시작하는 것이 전체 수험에 더 도움 된다.

　단 학개론의 계산문제풀이 특강 등의 경우에는 예외이다. 계산문제풀이 특강에서는 계산문제를 아주 빠르게 푸는 요령을 가르쳐주기 때문이다. 실제 시험에서 한 문제를 평균 1분 만에 해결해야 하므로 시간을 절약할 수 있는 스킬은 알아두면 유용하다.

절대공부량이 부족한데
시험까지 남은 기간이 얼마 없을 때

시험까지 남은 기간이 얼마 없어 통상적으로 진도 나가는 것이 불가능할 때 시도해볼 만할 방법 두 가지를 소개한다. 단 이 방법들은 모험적인 성격이 강하기 때문에 정말 절대공부 시간이 부족할 때 필살기 성격으로만 쓰길 권장한다.

1. 기출문제는 최근 7년치 정도만 본다

넉넉한 점수로 합격하기 위해서는 강의를 시청하면서 최근 10~15년치 정도의 기출을 보는 것이 안전하지만 부득이하게 시간이 부족한 경우 최근 7년치 정도라도 우선적으로 보라고 권하고 싶다.

만약 도저히 기출을 풀 시간마저 없다면 해설을 먼저 보되, 최대한 문장을 이해하고 암기할 수 있을 때까지 회독하며 읽어야 한다. 사실 7년치의 문제를 풀 시간마저 부족한 경우라면 차라리 핵심정리를 이용하는 2번 방법을 선택하는 것이 나을 수 있다. 어차피 문제를 풀지 않고 읽기만 하면 두뇌에 자극이 덜 되어 이해와 암기 효과가 반감하는 것은 마찬가지지만 핵심정리가 단순 읽기에 더 효율적인 구성으로 되어 있기 때문이다.

2. 시험 때까지 '반달문의 핵심정리'를 무한 회독한다

통계상 반달문 핵심정리에서 2회 이상 출제된 것(컬러 글씨)만 다 알아도 실제로 65점 이상의 득점이 가능하다. 따라서 핵심정리를 무한 회독하는 방법은 이 2회 이상 기출된 부분을 반복 회독하면서 최대한 이해하고 암기하는 것이 요점이라 할 수 있다.

구체적인 회독 방법은 핵심정리를 읽으면서 충분히 숙지한 지문을 e북의 형광펜 기능을 이용해 표시해가며 읽는 것이다. 그리고 다음 회독 때는 기존에 형광펜으로 표시한 부분을 제외한 나머지 컬러 글씨를 읽어나가며 새로 암기한 부분을 형광펜으로 추가 표시한다. 이것을 반복하여 읽을 분량을 계속 줄여나가는 식으로 공부하면 된다.

하지만 앞서 언급한 것처럼 이 방법은 시간이 턱없이 부족할 때만 쓰는 것이 바람직하다. 참고로 5장의 '직장인의 승부수' 파트에서 후술하겠지만 이 방법을 업그레이드 한 방법도 있으니 정말로 간절하다면 시도해보자.

그밖에 1차 과목은 정석대로 공부하고, 2차 과목을 핵심정리 위주로 보는 방법도 있다. 무슨 일이 있어도 1차는 붙어야 하기 때문이다.

아무쪼록 자신의 남은 스케줄을 고려하여 적절한 전략을 세우도록 하자.

■ 센스 있게 기출문제 보는 법

기본강의를 듣고 기출문제를 풀 때 너무 진도가 안 나가는 것 같아서 답답하다면, 센스 있게 나누어 풀도록 하자.

예를 들면 1회독 때는 기본강의를 들으며 기출문제집의 왼쪽 페이지만 풀고, 2회독 때 왼쪽 페이지의 밑줄 그은 부분을 보면서, 오른쪽 페이지의 문제를 푸는 것이다.

또는 1회독 때는 최근 3~4년간의 기출문제만 먼저 풀고 밑줄 표시를 한 뒤, 2회독 때 그 문제들의 밑줄 표시를 읽으면서 아직 안 푼 나머지 문제들을 푸는 방법도 있다.

위 같은 방법은 다른 과목에 비해 문제의 지문이 길지 않은 부동산학개론이나 공인중개사법 과목에서 활용하면 특히 효과가 좋다.

이처럼 때로는 공부에 지루함이 생기지 않도록 공부 방법을 유연하게 조절하는 센스도 필요하다.

■ 정오표 확인

교재를 구입하면 반드시 확인해야 할 것이 정오표다. 보통은 출판사나 인강 사이트 홈페이지에 가면 이것을 다운받을 수 있다. 중요한 부분에서 오탈자가 있을 수 있고 이로 인해 학습이나 시험에 자칫 치명적인 영향을 받을 수 있으니 반드시 정오표를 확인하는 습관을 들이자.

올해 나온 교재라면 적어도 2개월마다 한 번씩, 그리고 시험 직전에는 모든 교재의 정오표를 다시 한 번 확인해볼 필요가 있다고 본다.

04 | 핵심기출법

핵심기출법의 기본적인 회독 요령

핵심기출법은 앞서 e북 전용으로 반달문에서 출간한 교재인 '핵심정리'를 읽으면서 바로 기출문제로 복습하는 방법이라고 언급한 바 있다. 이 공부법은 1회독 때 핵심정리를 빠르게 읽어 전체적인 틀을 파악하고, 2회독 때는 핵심정리를 다시 한 번 읽으면서 단원별 기출문제집으로 복습하는 것이 특징이다. 그리고 3회독부터는 강의기출법과 마찬가지로 기출문제 읽기를 반복하다 시험 1개월 정도 전에 암기장을 만들어 갈무리를 잘 하기만 하면 된다.

핵심기출법의 전체적인 과정은 다음과 같다.

1회독	2회독	3회독 이후	시험 1개월 전
핵심정리로 전체적인 틀을 빠르게 파악	⇨ 핵심정리와 단원별 기출문제집의 병행	⇨ 단원별 기출문제집 반복 회독	⇨ 암기장 만들어 암기

핵심기출법은 강의기출법과 달리 전 과목의 1회독을 한 뒤 2회독에 들어가는 것보다 한 과목의 1회독과 2회독을 연속적으로 해주는 것이 더 효과적이다.

예를 들면 부동산학개론 1회독 → 부동산학개론 2회독 → 민법 1회독 → 민법 2회독... 이런 식이다. 왜냐하면 핵심기출법의 1회독은 전업수험생을 기준으로 과목당 2~3일이면 충분하기 때문이다. 구체적인 회독방법은 후술하겠지만 그렇게 전 과목의 1, 2회독을 연속으로 한 뒤, 3회독 이후는 강의기출법의 2회독 이후와 동일하게 하면 된다. 암기장 만드는 요령도 마찬가지다.

핵심기출법의 1회독 방법

 앞서 언급한 것처럼 핵심기출법의 1회독은 강의기출법에 비해 상대적으로 시간이 매우 적게 소요된다. 그저 반달문 핵심정리에서 2회 이상 기출된 문장(컬러 글씨)을 집중해서 읽으면서 그 부분과 관련된 목차 제목은 간단히 확인 정도만 하면 된다. 이때 괜히 욕심 부려서 1회 출제된 부분까지 읽지 않도록 하자. 특히 1회독 때는 매우 빠르게 핵심정리를 읽는 것이 포인트인데 1회 출제된 부분까지 읽으면 진도가 늘어져 초반부터 지쳐버릴 수 있기 때문이다.
 그리고 당연한 이야기지만 2회 이상 출제된 문장들이 1회 출제된 문장보다 몇 배는 더 중요하고, 앞으로도 계속 출제될 가능성이 높은 부분이다. 그러므로 더욱 중요한 부분인 컬러 글씨 위주로 읽어야 한다. 아울러 2회 이상 출제된 부분이 속해 있는 목차도 같이 살펴봐야 자신이 어디쯤을 공부하고 있는지 감을 잡게 된다. 관련된 기본 개념도 이해를 위해 필요하다면 같이 읽어도 된다.
 다음 그림은 핵심정리에서 읽어야 할 부분을 빨간색 박스로 표시한 것이니 읽는 요령을 파악하는 데 참고하도록 하자.

[예시] 핵심정리에서 읽어야 할 부분 표시(민법 中)

大 목차 **I. 법률행위 일반**

1. 법률행위의 의의
(1) 어떤 (법률)요건이 충족되어 법률적으로 효과가 발생된다면 그러한 요건을 충족시키는 행위를 법률행위라고 한다. (※ 이런 부분은 개념잡기를 위해 필요한 경우에만 가볍게 읽기)

(2) 의사표시와의 관계
- 일반적으로 법률행위는 의사표시로 이루어진다.
- 의사표시 이외에 추가적인 법률사실을 요구하는 경우가 있다. (예: 혼인이 법률적으로 성립되기 위해서는 당사자간의 의사표시 이외에 혼인신고가 필요하다)

中 목차 **2. 법률행위의 종류**
법률행위는 아래와 같이 구분할 수 있다.

(1)
1) 재산행위: 재산상의 법률관계에 관한 행위 (매매, 임대차, 소유권양도, 채권양도)
2) 신분행위: 신분상의 법률관계에 관한 행위 (혼인, 입양, 약혼, 인지, 유언)

(재산행위中에서)
(a) 출연행위: 자기의 재산을 감소시키고 타인의 재산을 증가케하는 행위 (매매, 임대차)
(b) 비출연행위: 타인의 재산을 증가케 함이 없이 행위자만이 재산을 감소하게 하는 행위 (소유권포기, 대리권포기)
(출연행위中에서)
(a) 유상행위: 자기의 출연과 대가적으로 상대방의 출연이 있는 것 (매매, 임대차)
(b) 무상행위: 그러한 대가관계가 없는 것 (증여, 사용대차)

小 목차 1) **단독행위**: 행위자 일방의 의사표시로 성립하는 법률행위를 말한다. 하나의 의사표시로 법률효과가 생기고 일방적으로 상대방에게 영향을 미치므로 원칙적으로 법률에 규정이 있는 경우에 허용된다.
2회 이상 출제 (a) 상대방 있는 단독행위: **동의**, 채무면제, 상계, **추인**, **취소**, **(법정)해제**, **해지**, **철회**, 시효이익의 ...

이처럼 1회독 때는 <u>컬러 글씨(여기서는 파란 글씨) 부분을 읽는 것이 목적이지만 이 내용들이 어디에 해당하는지를 파악하기 위해 상위 목차들도 함께 읽는 것</u>이다. 용어나 개념의 의의 같은 경우는 컬러 글씨 부분을 이해하는 데 도움이 된다면 봐도 괜찮지만 직접적으로 시험에 출제되지는 않으므로 굳이 안 봐도 상관없다. 우리는 학문을 탐구하는 것이 아니라 시험에 나오는 것만 공부해 빨리 합격하는 것이 목표이다. 그러므로 이것저것 다 읽으려고 하지 말고 빠르게 컬러 글씨 부분을 이해하는 것에만 초점을 맞추자.

★ 1회독 요약
1. 핵심정리에서 2회 이상 기출된 문장(컬러 글씨) 집중해서 읽기
2. 위 부분과 관련된 목차 확인하기

핵심기출법 2회독

　핵심기출법의 2회독은 마치 강의기출법의 1회독과 유사하다. 단지 강의시청 대신에 핵심정리를 이용하는 것이 차이라고 할 수 있다.

　구체적인 2회독 요령은 핵심정리의 컬러 글씨를 읽고, 책 전체의 20~30% 정도씩 진도를 나갈 때마다 그 진도에 해당하는 단원별 기출문제집을 푸는 것이다. 참고로 핵심정리 목차는 '편-장'으로 구성되어 있는데 '편'이나 '장'단위로 끊어서 진도를 나가는 것이 좋다. 편 단위로 끊는 것이 더 좋지만 부득이하게 한 편이 너무 긴 경우에는 장 단위로 끊어서 진도를 나가자. 일반적으로 핵심정리와 시중에 있는 단원별 기출문제집은 목차가 유사해서 보는 데 수월할 것이다.

단원별 기출문제로 복습하는 방식은
사실상 강의기출법과 동일하다

　강의기출법에서 기본강의를 듣고 복습할 때와 마찬가지로, 핵심기출법 2회독 때 단원별 기출문제집은 핵심정리에 대한 복습용 교재가 된다. 따라서 기출문제집을 볼 때 중요한 것은 문제를 푼 이후에는 해설을 보면서 틀린 지문을 맞는 지문으로 고쳐 이해해야 하고, 완벽히 숙지가 안 된 지문이나 해설에 연필이나 샤프펜으로

<u>밑줄을 그어놔야 한다는 점</u>이다. 연필 종류를 사용하는 이유는 앞서 설명한 바와 같이 3회독 이후부터 밑줄 그은 부분을 점점 지워나가기 위함이므로, 시간이 지나면 자동으로 지워지는 기화펜 종류는 사용하지 않도록 주의하자. 만약 굳이 색깔 있는 펜을 사용하고 싶다면 지울 수 있는 프릭션 볼펜을 사용해도 괜찮다. 그리고 밑줄은 지우는 것을 목적으로 표시한 것이므로 굳이 자를 대고 반듯하게 그을 필요 없고, 머릿속으로 문장을 읽어나감과 동시에 긋는 식으로 하면 된다.

참고로 학개론을 제외한 과목은 이후에 단원별 기출문제집을 다시 풀지 않을 것이므로 문제에 답체크를 하거나 지문에 밑줄을 그어도 상관없다. 단 학개론의 계산문제 등은 다시 풀 수 있으므로 지문에 직접 표시하지 말고, 가급적 해설에만 표시를 하도록 하자.

핵심기출법의 2회독 때도 강의기출법의 1회독 때와 마찬가지로 기출을 풀 때 시간을 재서 할 필요도 없고, 아주 빠르게 답을 맞히는 것보다는 선택지 하나하나를 꼼꼼히 본다는 마인드로 접근하는 것이 좋다. 필요하다면 해설의 아래 여백 부분에 암기코드도 만들어 함께 적어놓자.

이상을 요약하면 2회독 때는 핵심정리로 선제 학습을 하면서 단원별 기출문제집으로 복습하고, 기출문제집으로의 단권화와 동시에 3회독 때 무엇을 봐야 하는지를 선별하는 것이 포인트라고 할 수 있겠다.

다음 그림은 2회독 때 기출문제집에 표시하는 방법에 대한 예시이다.

```
[예시] 2회독 때 밑줄 표시 요령

문제) 문 4. 국토의 계획 및 이용에 관한 법령상 광역도시계획에 관한 설명으로 옳은 것은? (2016)
① 국토교통부장관이 광역계획권을 지정하려면 관계 지방도시계획위원회의 심의를 거쳐야 한다.
② 도지사가 시장 또는 군수의 요청으로 관할 시장 또는 군수와 공동으로 광역도시계획을 수립하는 경우에는 국토교통부장관의 승인을 받지 않고 광역도시계획을 수립할 수 있다.
③ 중앙행정기관의 장은 국토교통부장관에게 광역계획권의 변경을 요청할 수 없다.
④ 시장 또는 군수가 광역도시계획을 수립하거나 변경하려면 국토교통부장관의 승인을 받아야 한다.
⑤ 광역계획권은 인접한 둘 이상의 특별시·광역시·시 또는 군의 관할구역 단위로 지정하여야 하며, 그 관할구역의 일부만을 광역계획권에 포함시킬 수는 없다.

해설) 4. ① 국토교통부장관은 광역계획권을 지정하거나 변경하려면 관계 시·도지사, 시장 또는 군수의 의견을 들은 후 중앙도시계획위원회의 심의를 거쳐야 한다 (법10-3).
② 시·도지사는 광역도시계획을 수립하거나 변경하려면 국토교통부장관의 승인을 받아야 한다. 다만, 제11조제3항에 따라(=시장 또는 군수가 요청하여) 도지사가 수립하는 광역도시계획은 그러하지 아니하다 (16-1).
③ 중앙행정기관의 장, 시·도지사, 시장 또는 군수는 국토교통부장관이나 도지사에게 광역계획권의 지정 또는 변경을 요청할 수 있다 (10-2).
④ 시장 또는 군수는 광역도시계획을 수립하거나 변경하려면 도지사의 승인을 받아야 한다 (16-5).
⑤ 국토교통부장관 또는 도지사는 둘 이상의 특별시·광역시·특별자치시·특별자치도·시 또는 군의 공간구조 및 기능을 상호 연계시키고 환경을 보전하며 광역시설을 체계적으로 정비하기 위하여 필요한 경우에는 다음 각 호의 구분에 따라 인접한 둘 이상의 특별시·광역시·특별자치시·특별자치도·시 또는 군의 관할 구역 전부 또는 일부를 대통령령으로 정하는 바에 따라 광역계획권으로 지정할 수 있다(10-1). [정답] ②
```

위 그림은 현재 1, 2, 3번 선택지를 제대로 숙지하지 못한 경우를 표현한 것이다. 이 예시는 옳은 것을 고르는 문제이므로 옳은 문장인 2번 선택지만 문제 부분에 밑줄을 그었고, 1, 3번 선택지는 틀린 문장이기에 올바른 문장으로 쓰여 있는 해설 부분에 밑줄 표시를 했다는 것에 주목하자. 해설에 밑줄을 긋는 경우에는 해설문장 전체에 밑줄을 긋지 말고 가급적 선택지와 직접적으로 관련되거나 필요한 부분에만 긋도록 하자. 특히 1번 선택지의 경우, 틀린 문장이므로 지문 대신 해설에 밑줄을 그었는데, 지문에서 틀리게 출제한 부분을 바르게 고친 '중앙'이라는 글자에 동그라미 표시를 함께 해두었다. 이것이 바로 출제 포인트가 되기 때문이다.

★ 2회독 요약
1. 2회 이상 기출된 문장(컬러 글씨) 읽으면서 해당 진도 기출문제 풀기
2. 기출문제집에서 암기가 덜 된 지문은 선택지 또는 해설에 밑줄표시 하기(3회독 때 볼 것 선별)

핵심기출법 2회독 때의 참고사항

핵심정리는 2회독 때도 1회독 때와 마찬가지로 2회 이상 출제된 부분 위주로 보면 된다. 통계상 핵심정리에서 2회 이상 출제된 부분과 10개년 정도의 기출문제만 봐도 65~70점 이상 득점이 가능하기 때문이다. 1회 출제된 부분까지 보면 좋지만 그것은 이 시험이 상대평가로 전환됐을 때나 필요하다고 본다.

게다가 2023년판은 1개년치가 더 추가되어 무려 15개년치의 기출문장을 수록하고 있는데, 이처럼 핵심정리는 해를 거듭할수록 기출문장이 점점 더 많아지는 특징을 가진 교재이기에, 2회 이상 출제된 내용을 이해하고 암기하는 것만으로도 주요 내용 습득은 물론, 이후 회독에 큰 도움이 된다.

■ 핵심기출법 3회독과 그 이후

　핵심기출법 3회독 때의 공부 방법은 강의기출법 2회독 때와 완전히 같다고 보면 된다. 마찬가지로 <u>단원별 기출문제집에 밑줄로 표시한 부분과 암기코드를 적어놓은 부분을 집중해서 읽어 나간다.</u> 3회독 초반에는 오랜 만에 해당 과목을 잡았을 것이므로 개념들이 다소 생소하게 느껴질 수 있다. 그러나 그 과목 3회독 중반부 정도가 되면 그런 불안감은 점차 사라져 갈 것이니 개의치 말자.

　<u>핵심기출법 3회독이나 강의기출법 2회독 때 한눈에 가부를 가려낼 수 있는 문장들은 사실상 시험 때까지 안전하다고 보면 된다.</u> 이런 문장들은 과감히 지워버리자. 그래야 이후 회독 때 볼 분량이 줄어들게 된다.

　참고로 전업 수험생이라면 가급적 40일 이내에 전 과목 1, 2회독을 마친 후 3회독을 시작하는 것이 좋다. 1, 2회독 때 너무 많은 시간을 쓰게 되면 자칫 1, 2회독과 3회독 사이의 기간이 너무 길어지고, 이런 경우 많은 기억 손실이 발생하여 3회독 때 공부가 힘들어질 수가 있다. 그러므로 <u>핵심기출법은 1, 2회독 때 최대한 속도를 낼 수 있도록 일정에 항상 신경을 써야 한다.</u>

　다음 그림은 3회독 때 기출을 보는 요령에 대한 예시이다. 앞서 2회독 때 예시로 든 그림과 비교해 무엇이 달라졌는지 알겠는가?

[예시] 3회독 때 기출 보는 요령

문제) 문 4. 국토의 계획 및 이용에 관한 법령상 광역도시계획에 관한 설명으로 옳은 것은? (2016)
① 국토교통부장관이 광역계획권을 지정하려면 관계 지방도시계획위원회의 심의를 거쳐야 한다.
② 도지사가 시장 또는 군수의 요청으로 관할 시장 또는 군수와 공동으로 광역도시계획을 수립하는 경우에는 국토교통부장관의 승인을 받지 않고 광역도시계획을 수립할 수 있다.
③ 중앙행정기관의 장은 국토교통부장관에게 광역계획권의 변경을 요청할 수 없다.
④ 시장 또는 군수가 광역도시계획을 수립하거나 변경하려면 국토교통부장관의 승인을 받아야 한다.
⑤ 광역계획권은 인접한 둘 이상의 특별시·광역시·시 또는 군의 관할구역 단위로 지정하여야 하며, 그 관할구역의 일부만을 광역계획권에 포함시킬 수는 없다.

해설) 4. ① 국토교통부장관은 광역계획권을 지정하거나 변경하려면 관계 시·도지사, 시장 또는 군수의 의견을 들은 후 중앙도시계획위원회의 심의를 거쳐야 한다 (법10-3).
② 시·도지사는 광역도시계획을 수립하거나 변경하려면 국토교통부장관의 승인을 받아야 한다. 다만, 제11조제3항에 따라(=시장 또는 군수가 요청하여) 도지사가 수립하는 광역도시계획은 그러하지 아니하다(16-1).
③ 중앙행정기관의 장, 시·도지사, 시장 또는 군수는 국토교통부장관이나 도지사에게 광역계획권의 지정 또는 변경을 요청할 수 있다 (10-2).
④ 시장 또는 군수는 광역도시계획을 수립하거나 변경하려면 도지사의 승인을 받아야 한다 (16-5).
⑤ 국토교통부장관 또는 도지사는 둘 이상의 특별시·광역시·특별자치시·특별자치도·시 또는 군의 공간구조 및 기능을 상호 연계시키고 환경을 보전하며 광역시설을 체계적으로 정비하기 위하여 필요한 경우에는 다음 각 호의 구분에 따라 인접한 둘 이상의 특별시·광역시·특별자치시·특별자치도·시 또는 군의 관할 구역 전부 또는 일부를 대통령령으로 정하는 바에 따라 광역계획권으로 지정할 수 있다(10-1). [정답] ⑤

위 그림은 3회독을 통해 1, 3번 지문의 해설을 충분히 암기했다고 가정하여 해당 지문과 관련된 밑줄을 지운 상태를 나타낸 것이다.

4회독과 그 이후

핵심기출법 4회독과 그 이후 회독을 할 때에도 마찬가지로 더이상 안 봐도 될 것 같은 내용을 추가로 지우며 읽어나가면 된다. 이미 여러 번 반복 설명을 통해 여러분도 잘 알고 계실 거라

보지만 기출문제를 보는 법은 강의기출법 때와 동일하게 회독을 거듭할수록 추가적으로 암기한 부분의 밑줄을 삭제하여 분량을 줄여나가는 것이 포인트다.

이후 회독은 시험 1개월 전까지 같은 방식으로 반복하면 된다. 사람에 따라 다를 수 있지만 핵심기출법의 3~4회독 정도가 되면 통상적으로 한 과목을 3일 이내에 다 볼 수 있을 것이다. 그리고 이런 방식으로 계속 회독하면서 암기된 부분을 지워나가다 보면 머지않아 하루에 한 과목도 거뜬히 다 볼 수 있게 된다.

그러다 시험을 1개월 정도 앞둔 시점이 되었을 때 시험 전날에 볼 암기장을 만들기 시작하자.

★ 3회독 및 그 이후 요약
1. 직전 회독 때 남겨둔 밑줄 표시 집중해서 읽기
2. 읽으면서 암기된 부분 지우기

암기장 만들기

　암기장을 만드는 방법과 시기는 강의기출법과 완전히 동일하다. 강의기출법에서 설명한 것과 마찬가지로 시험을 1개월 정도 남겨두고 그때까지 안 외워진 내용은 모두 암기장에 옮겨 적는다. 암기장은 기출지문과 유사하게 적어도 되지만 내용만 알 수 있게 최소한으로 줄여 결론만 작성하는 것이 효율적이다. 실제 시험에서 문제를 보자마자 자신이 그 지식을 꺼낼 수 있기만 하면 어떻게 작성하든 상관없는 것이다. 그래도 어느 정도는 정성들여 써야 하고, 무성의하게 적지 않도록 한다. 이런 식으로 작성하는 이유는 시험 전날 이것만 달달 외울 것이기 때문이다. 통상적으로 암기장은 시험 1~2주 정도 전에 한 번, 그리고 시험 전날 다시 한 번 보면 효과가 매우 좋다. 여러분도 바로 직전에 본 것이 머릿속에 더 잘 남는다는 것을 경험을 통해 잘 알고 있을 것이다. 여러분은 이것을 전날에 일독하고, 시험장에도 가져가 당일 시험 직전까지 봐야 한다.

　강의기출법 설명 때는 수기로 암기장을 작성한 것을 예시로 들었는데, 이번에는 워드로 암기장 작성 요령을 예시로 들어 보았다.

> **[예시] 워드 암기장 작성 요령**
>
> 1. <u>교차+대공포</u> : <u>교차</u> 탄력성은 <u>대체재</u>(+) 〉 <u>공</u>(0) 〉 <u>보완재</u>(-)
> 2. <u>비탄력은 비탈길처럼 가파르다</u> = 기울기가 크다
> 3. <u>비탄력적일수록</u>이 나오면 <u>완전비탄력적</u>일 때를 생각한다.
> 4. <u>거미가 공탄을 발사</u> : <u>거미집</u> 이론은 공급곡선이 수요곡선보다 <u>탄력적</u>일 때 발산

　이처럼 암기장은 직접 수기로 써도 되고, 워드로 작성해도 된다. 객관식 시험 초기 때는 나도 수기로 암기장을 작성하다가 속도를 내기 위해 컴퓨터로 타이핑하게 되었다.

　참고로 앞서 강의기출법 때 설명한 것과 마찬가지로 부동산학개론 같은 과목에서 그림을 그려 넣는 것이 필요한 경우에는 일반 연습장에 그림을 그린 뒤 사진으로 찍어 워드(한글) 파일에 삽입하거나, 그게 귀찮다면 그림 전용 수기 암기장을 별도로 이용하면 된다.

암기장 만들 때의 주의사항

　워낙 중요한 내용이라 다시 한 번 언급하지만 암기장에는 그간 여러 번 읽었음에도 완전히 숙지가 안 된 내용만 적어야 한다. 가끔 불안해서 중요하다고 생각하는 내용들을 모두 암기장에 정리하는 사람들이 있는데, 그렇게 했다가 자칫 하루 만에 다 못 볼만큼 방대한 분량의 암기장이 만들어지면 오히려 큰 낭패를 보게 된다.

내 경험상 과목당 암기장의 분량은 가급적 20페이지를 넘지 않는 것이 좋다고 본다. 그래야 5과목, 도합 100페이지 이내가 되어 하루 만에 무난히 다 볼 수 있다.

암기장을 다 만든 뒤에는 암기장의 첫 페이지나 표지에 평소 자신이 시험 볼 때 자주 실수하는 사항을 적어두어 실전에서의 실수를 예방하도록 하자.

핵심정리를 읽을 때의 참고사항

앞서 언급했듯이 핵심정리는 기출지문들을 모아 기본서처럼 만든 책이다. 다른 기본서 등에 비해 가격은 상당히 저렴한 편이나 그에 비해 양은 꽤 방대하므로 이 책을 효율적으로 보기 위한 요령을 익혀야 한다. 우선은 강의 자체를 듣지 않는다고 전제하고 핵심정리를 읽는 방법을 설명하도록 하겠다. 물론 시간이 넉넉하다면 강의기출법과 병행할 수도 있고, 병행 시 합격률은 더욱 올라가겠지만 공부시간이 제한적임을 감안하여 핵심정리와 기출문제집만을 본다고 가정하겠다.

1. 처음 핵심정리 읽을 때는 2번 이상 출제된 내용 위주로 보되, 그 내용과 관련된 목차도 함께 읽도록 한다. 기출된 문장을 읽으면서 자신이 어디쯤 진도를 나가고 있는지를 체크하기 위함이다. 참고로 다음번에 읽을 때를 대비해서 기출부분과 관련된 목차를 형광펜기능으로 표시하는 것도 나쁘지 않지만 사실 객관식 시험에서는 굳이 그렇게까지는 하지 않아도 된다고 본다. 다음 그림은 핵심정리에서 읽어야 할 부분을 빨간색 박스로 표시한 것이니 읽는 요령을 파악하는 데 참고하도록 하자.

[예시] 핵심정리에서 읽어야 할 부분 표시(학개론 中)

1. 부동산학의 정의
   - 부동산학은 토지 및 그 정착물에 관하여 그것과 관련된 직업적, 물적, 법적, 금융적 제 측면을 연구하는 학문이다.
   - 부동산학은 복잡한 현대의 부동산문제를 해결하기 위하여 학제적 접근을 취하는 전문적인 학문영역으로 등장하였다.

   목차 → 2. 부동산학의 학문적 성격
   (1) 사회과학: 부동산과 관련한 인간 사회의 여러 현상을 연구하는 학문이다.
   (2) 응용과학: 과학을 순수과학과 응용과학으로 구분할 때, 부동산학은 응용과학에 속한다. 부동산학은 실제적으로 현실생활에 활용하려는 실천적이고 실무적인 학문이라는 점에서 응용과학이라고 볼 수 있다.
   (3) 경험과학: 현실의 부동산활동을 대상으로 연구하는 학문이다.
   2회 이상 출제 → (4) 종합과학: 부동산학은 여러 분야의 학문과 연계되어 있다는 점에서 종합학문적 성격을 지니고 있다.
   (5) 규범과학: 현상을 분석하기도 하고, 사회에 바람직한 부동산행위를 판단할 수 있는 규범을 제시하기도 한다.

3. 부동산학의 연구대상
   부동산학의 연구대상은 부동산활동 및 부동산현상을 포함한다.

2. 몇 조 몇 항 등 조문의 숫자는 굳이 안 읽고 넘어가도 좋다. 지금까지 이 시험에서 조문 숫자 가지고 장난치는 경우는 거의 보지 못했다.

3. 색깔별로 경중을 달리해서 보라. 당연히 출제가 많이 된 지문일수록 더 집중해서 봐야 한다. 2번 이상 출제된 지문 위주로 보면 되고, 1번 출제된 것들은 웬만한 것들을 다 보고 더 이상 볼 게 없는 상황이 아니면 굳이 보지 않아도 된다. 1번 출제된 것들은 다시 출제될 비교적 가능성이 낮기 때문인데, 그래도 학원 모의고사를 보느니 이것을 보는 게 차라리 도움이 될 것이라 본다.

4. 핵심기출법 1회독을 마치고, 2회독으로 진도를 반 정도 나간 상태에서 핵심정리나 기출문제집의 내용들이 도저히 이해가 안 되고 너무 진도가 안 나간다고 느껴진다면 이 방법이 맞지 않을 수 있으니 강의기출법으로 바꾸도록 하라. 핵심기출법은 강의기출법에 비해 약간 더 난도가 높은 공부법이기에 초심자들에게는 다소 어렵게 느껴질 수 있다. 앞서 언급한 것처럼 <u>핵심정리는 책 읽는 것에 익숙하거나</u>, <u>이 시험에 한 번 이상 불합격한 경험이 있거나</u>, 또는 <u>기존에 어지간히 강의를 다 들었는데 제대로 실력이 오르지 않고 있는 사람들</u>에게 더 효과가 있는 공부법이다.

5. 핵심기출법 2회독을 할 때 핵심정리를 처음부터 끝까지 다 본 다음 기출문제집을 처음부터 끝까지 보는 것은 미련하고 비효율적인 방법이다. 핵심기출법 2회독을 할 때도 강의기출법 1회독 때와 마찬가지로 만약 핵심정리의 1개 단원을 읽었다면 그 부분에 대해 기출로 복습하는 식으로 봐야 한다. 예컨대 <u>핵심정리 1단원 → 기출문제집 1단원 → 핵심정리 2단원 → 기출문제집 2단원 → 핵심정리 3단원 → 기출문제집 3단원...</u> 이런 식으로 계속 번갈아가며 공부하라는 의미이다.

6. 첫술에 배부를 수는 없으니 읽으면서 초반에 당장 실력이 안 오른다고 불안해하거나 스트레스 받지 마라. 어차피 반복하면서 지문을 여기저기서 접하다 보면 자연히 숙련도가 올라가게 될 것이다.

7. 핵심정리는 강의기출법으로 공부하는 사람에게도 유용하다. 오랫동안 손 놓고 있던 과목을 빠르게 한 번 리마인드 하는 용도로 읽을 때 특히 괜찮다.

8. 핵심정리는 스마트폰으로 볼 수 있으므로 직장이나 화장실, 외출 중이나 대중교통으로 이동 중에도 볼 수 있다. 적극 활용하자.

9. 읽으면서 완벽하게 모르더라도 책갈피 표시나 형광펜 표시를 해놓고 쿨 하게 넘어갈 수 있어야 합격한다. 일반적으로 완벽주의자는 시험에 합격하기 어렵다.

들으면서 공부하는 것도 가능하다

핵심정리도 e북 어플의 오디오 읽어주기 기능을 이용해 청취가 가능하나, 별로 추천하지 않는다. 중요하지 않은 내용들까지 다 읽어주기 때문이다. 차라리 그럴 바에야 스스로에게 암기가 필요한 문장들을 엄선해서 워드나 메모장에 타이핑 한 후, 그걸 텍스트 읽어주는 어플로 돌리는 것이 훨씬 효율적이다.

참고로 나의 경우 행정고시를 준비할 때 내가 암기해야 할 문장들을 메모장에 타이핑하여 'T2S'라는 텍스트 읽어주는 어플에 넣고, 이동 중에 듣곤 했었다. 만약 직장인인데 출퇴근 시간이 꽤 길다거나 하여 관심 있는 분들이 있다면 복습을 위해 이런 방법을 이용하셔도 좋을 듯하다.

한편 내가 텍스트 읽어주는 어플을 사용한 것은 몇 년 전이라 아마 지금은 더 좋은 어플이 있지 않을까 하는 생각이 든다.

핵심기출법에서의 기출문제 보는 법이 궁금하다면

핵심기출법에서 기출문제 보는 방법은 강의기출법에서 기출문제 보는 법과 완전히 동일하다. 이번 장 "기출문제의 중요성" 파트부터 "정오표 확인"파트까지의 내용 중에서 강의와 관련된 내용을 제외한 나머지 부분이 그대로 적용된다고 보면 된다. 그러니 핵심기출법으로 공부하면서 기출문제를 볼 때 궁금한 사항이 있다면 책의 앞으로 돌아가서 관련된 내용들을 다시 한 번 숙지하도록 하자.

계속 강조하지만 기출문제를 보는 방법은 이 책에서 가장 중요한 내용이며 합격과 직결되는 사항이다. 그러니 여러 번 읽으면서 이 기회에 확실히 자신의 것으로 만들어야 한다.

강의기출법과 핵심기출법의 전체 과정 정리

이 장에서 설명한 두 가지 공부법인 강의기출법과 핵심기출법은 처음에 공부를 기본강의로 시작하는가, 아니면 핵심정리로 시작하는가를 제외하면 완전히 같다고 보면 된다. 만약 강의기출법을 선택한 수험자의 기초가 너무 부족하여 기초강의까지도 들어야만 하는 상황이라면 두 공부법의 과정은 더욱 유사해진다.

두 공부법의 전체 과정을 한눈에 비교할 수 있도록 아래와 같이 그림으로 정리하였으니 참고하시기 바란다.

〈강의기출법의 전 과정 요약〉

0회독	1회독	2회독 이후	시험 1개월 전
(필요 시) 기초강의 몰아서 듣기	기본강의 들으며 단원별 기출문제집으로 복습	단원별 기출문제집 반복 회독	암기장 만들어 암기

〈핵심기출법의 전 과정 요약〉

1회독	2회독	3회독 이후	시험 1개월 전
복습 없이 핵심정리 몰아서 보기	핵심정리 보면서 단원별 기출문제집으로 복습	단원별 기출문제집 반복 회독	암기장 만들어 암기

■ 기출지문의 밑줄을 지우는 것이 두렵다고 생각하는 여러분께

 자신이 이미 아는 지문을 지우는 데는 분명 용기가 필요하다. 지금은 알지만 시험 당일에 이것을 잊어버리면 어쩌지 하는 걱정이 들 것이다. 특히 객관식 시험공부에서 성취를 거둔 경험이 적을수록 더욱 그럴 것이라 본다. 하지만 강의기출법 2회독, 또는 핵심기출법 3회독에 들어갔을 때 오랜 만에 접하는 내용들임에도 지문을 보자마자 이미 숙지가 되었다고 판단할 수 있는 것들이라면 십중팔구 시험까지 가져갈 수 있는 지식들이다. 지금까지 수많은 합격자들과 객관식 시험의 고수들이 이 책에서 설명한 기출중심의 공부법과 본질적으로 유사한 방식을 사용해서 큰 성과를 거둬왔고 말이다.

 그러나 내가 아무리 이렇게 말해도 자신을 믿지 못하는 사람들이 있기 마련이다. 그래서 정 불안한 사람들을 위해 좋은 대안을 하나 제시하고자 한다. 그것은 바로 시험 2주 정도 전에 딱 5일만 시간을 내어 전 과목 핵심정리를 일독하는 것이다. 그동안 충실히 공부를 해왔다면 핵심정리의 2회 이상 출제된 부분을 보는 것은 전업수험생을 기준으로 과목당 하루면 충분히 할 수 있다. 그때는 굳이 목차도 볼 필요 없고, 그냥 컬러 글씨만 빠른 속도로 읽기만 하면 된다. 이미 수차례 반복한 것들이라 대부분의 문장들이 익숙해서 매우 잘 읽힐 것이다.

 자, 이제 이런 대안까지 있으니 주저하지 말고, 과감히 지우자!

상대평가로 바뀌더라도 기출중심 공부법은 충분히 통한다

나는 2021년도 시험이 끝난 뒤, 과연 얼마나 동일·유사 지문이 반복 출제되고 있는지를 알아보기 위해, 해당 시험에 출제된 문장 하나하나를 핵심정리의 검색기능을 이용해 검토하고 분석해 보았다.

그 결과 반달문 핵심정리에서 최근 15년간 1회 이상 기출된 문장을 전부 암기했을 경우, 찍은 문제를 전부 틀렸다고 가정해도 최근 시험에서 전 과목 평균 70~80점 이상 득점이 가능함을 알 수 있었다.

참고로 과목별 득점 가능 점수는 다음 표와 같다.

〈15개년 기출문장을 모두 암기할 경우 과목별 득점 가능 점수〉

	부동산학개론	민법	공시세법	공법	중개사법
2023	87.5	83.75	70	63.75	81.25
2024	82.5	77.5	73.25	56.25	71.25

이것은 13~14개년의 기출문제를 마스터할 경우 절대평가 합격선을 넘는 굉장한 고득점이 가능함은 물론, 강의기출법이나 핵심기출법과 같은 기출중심의 공부법은 향후 시험이 상대평가 방식으로 전환되더라도 충분히 유효하다는 것을 입증하는 결과라 볼 수 있다.

기출중심의 공부법

이미 많은 분들이 눈치 채셨겠지만 지금까지 두 가지 기출중심의 공부법(강의기출법과 핵심기출법)에 대해 여러분들께 각인시키기 위해 관련된 주요 내용을 수차례 반복하였다.

실제 기출문제집을 풀다보면 최근 7년 사이에 무려 5번 이상 출제된 지문도 발견하게 될 것이다. 그런 것들은 이 시험에서 그만큼 중요하다고 여기는 사항들이기에 끊임없이 반복 출제되고 있는 것이다.

마찬가지로 나는 이 책에서 지금까지 소개한 기출중심 공부법과 그 실행과정 역시 이 시험을 포함한 일반적인 객관식 시험에서 두루 통하는 만큼, 누군가의 인생을 바꿀 수 있을 정도의 위력을 가진 중요한 공부법이라고 판단하였다. 그래서 지겨울 정도로 여러 번 반복 설명하며, 여러분들께서 잊어버리지 않도록 이 책의 내용을 구성한 점에 대해 양해의 말씀을 드린다.

아무쪼록 그만큼 이번 장은 이 책에서 가장 중요한 내용이 담겨져 있다는 것을 알아주시기 바란다.

제3장

과목별 공부법

1. 과목별 공부법 개괄
2. 과목별 공부법 및 주요 사항

01 | 과목별 공부법 개괄

과목별 공부법 서론

 사실 이 책에서 소개하는 공부법은 굳이 과목별로 크게 다르게 적용할 필요가 없다. 공무원 시험에서의 영어 같은 특수한 과목이 없기 때문이이다. 즉 전 과목 공통적으로 기출중심의 공부법이 통하기 때문에 강의기출법이나 핵심기출법을 그대로 적용하면 된다.

 그런 가운데 이 장에서는 여러분이 각 과목을 좀 더 효율적으로 공부하는 데 도움이 될 수 있도록 과목별 공부 순서와 더불어 과목별 특징 및 세부 요소들에 대해 설명하고자 한다.

과목별 공부 순서

과목별 공부 순서는 사람마다 다를 수 있지만 기본기가 전혀 없다고 전제할 때 내가 추천하는 순서는 "부동산학개론 → 민법 → 공시법 → 공법 → 중개사법 → 세법"이다.

일단 부동산학개론은 경제학이나 경영학 등의 학문에서 파생된 과목으로서, 법령 중심인 다른 과목들과 별로 접점이 없다. 사실상 독립적인 영역인 데다가 1차 과목이므로 가장 먼저 공부하는 것이 좋다.

두 번째로는 역시 1차 과목인 민법이다. 민법은 다른 법과목들의 기본이 되고, 특히 공시법을 이해하는 데 큰 도움이 되므로 공시법 직전에 공부하는 것이 효과적이다. 또한 민법을 잘 습득하면 소위 리갈(legal) 마인드가 생기게 되고 공부에 대한 자신감도 얻을 수 있게 된다.

세 번째 과목으로는 공시법을 추천한다. 공시법은 지적법(공간정보법)과 등기법으로 나눌 수 있는데 등기법의 내용이 민법과 관계가 있으므로 민법을 공부한 직후 등기법을 먼저 공부하고 그 다음에 지적법을 보는 것이 좋다.

이네 번째는 2차 과목 중 가장 부담이 될 수 있는 공법을 공부하길 추천한다. 다른 과목도 그렇겠지만 공법은 더욱 암기하고 잊어먹기를 반복할 것이다. 조금이라도 더 빨리 공법에 대한 체계를 잡고, 이해도와 노출도를 최대한 높이라는 의미에서 네 번째로 두었다.

이어서 다섯 번째는 공인중개사법이다. 2차 과목 중 가장 쉽고, 만만해 보이는 과목이지만 자잘하고 치사하게 문제를 내는 과목이므로 방심하면 안 된다. 하지만 고득점을 통해 다른 과목들의 부족한 점수를 보태는 데 유용한 과목이므로 특별히 더 신경 써서 공부할 필요가 있다.

마지막으로 여섯 번째는 세법이다. 분량이 아주 많지는 않으나 처음 접할 때는 용어가 어렵고, 개념이 와 닿지 않아 공법처럼 막막한 느낌이 들 수 있다. 그래도 반복하다보면 어느 정도 윤곽이 잡히기 시작하는데, 세목 별로 출제비중이 크게 다르고, 학개론처럼 계산문제도 일부 등장하여 전략적으로 접근을 할 필요가 있는 과목이다.

이상은 내가 공부한 순서이기도 하다. 더 좋은 대안이 있다면 그대로 해도 되고, 내가 추천한 순서대로 공부해도 별 문제는 없어 보인다.

■ 하루 한 과목, 며칠 동안 그 과목만 공부하기

한 과목을 잡았으면, 그 과목이 끝날 때까지 며칠이 걸리든 그 과목만 보기를 권한다. 공부의 연속성과 통합성을 위해서다. 그래서 현강(현장강의)보다는 인강을 듣는 것이 더 효율적이다. 인강으로 공부하면 공부 스케줄을 자기 마음대로 정할 수 있고, 배속을 이용해 더 빠르게 들을 수 있기 때문이다.

게다가 여러 과목을 한꺼번에 공부하게 되면 전체적인 진도가 더디어 답답하게 느껴질 뿐더러 복습하기도 어렵고, 공부의 연속성이 끊기게 되며, 과목 간 지식이 엉키게 될 수도 있다.

수험 막바지에는 회독 속도가 빨라져 하루에 한 과목 또는 여러 과목을 볼 수 있지만, 수험 초중반에는 가급적 며칠간 한 과목만 공부하는 것을 원칙으로 삼자.

02 | 과목별 공부법 및 주요 사항

부동산학개론 공부법

　부동산학개론 과목은 다른 과목들과는 달리 크게 이론을 묻는 문제와 계산문제의 두 유형으로 나뉜다. 그러나 학개론이라고 접근법이 다른 과목과 크게 다르지는 않다. 학개론의 두 가지 유형 모두 초반에는 기본강의를 들으며 기출문제로 복습하면 된다.

　단지 차이가 있다면 부동산경제론(수요와 공급 파트) 전체, 그리고 각종 계산문제들은 기출문제집의 문제 부분에 가급적 표시를 하지 말고, 해설 부분에만 표시를 해두는 게 좋다는 정도이다. 계산문제의 경우 2회독 때 기억을 되살리기 수월하도록 문제풀이에 대한 꼼수나 힌트를 해설 옆에 간략히 적어두고, 회독 때마다 자신이 약한 유형을 모아서 집중적으로 풀어보는 것이 좋다.

　한편 **최근 학개론의 경우 난도를 올리기 위해 최근 15개년 기출지문에서 골고루 출제**되는 듯한 양상을 보인다.

학개론을 정복하려면
부동산경제론(수요와 공급)을 잡아야 한다

특히 학개론에서는 수요와 공급 파트가 매우 중요하다. 이 파트는 중학교 1~2학년 수학 중 1차 방정식과 1차 함수의 기초 위에 경제학적 개념을 입힌 것이다. 따라서 이 파트를 공부할 때 너무 이해가 안 간다면, 유튜브에 있는 1차 방정식과 1차 함수 관련 영상을 보고 나서 학개론의 수요와 공급 특강을 듣는 것도 괜찮다. 1차 방정식 관련 영상 중에는 심지어 안철수 씨가 나오는 것도 있는데 이 영상은 개념을 무척 쉽게 설명해 준다. 이처럼 수요와 공급 파트는 중학교 1~2학년 수준의 수학을 기반으로 하고 있고, 좋은 영상 콘텐츠도 많으니 차근히 단계적으로 공부하면 생각보다 쉽고 빠르게 이해할 수 있을 것이다.

또한 수요와 공급 파트는 그래프를 이해할수록 쉬워지는 특징이 있다. 그러므로 이 파트를 공부할 때는 전용 연습장을 하나 장만해 그래프를 그려보면서 이해하는 것을 권한다. 말 문제, 계산 문제 할 것 없이 모두 처음부터 그래프로 원리를 익혀가면서 공부하면 좋은데, 능숙해지면 그래프 없이도 쉽게 문제를 풀 수 있게 된다. 그래프는 자를 대고 그릴 필요도 없고 아주 잘 그릴 필요도 없으니, 되도록 많이 그려보면서 이해하는 데 초점을 맞추자.

이 같은 방식으로 공부하면 수요와 공급 파트는 물론이고, 학개론 과목의 전체 암기량이 크게 줄어들게 될 것이다.

학개론 과목의 추천 강사는 김백중, 이종호, 국승옥, 이영섭, 이영철 강사님 등이 있다.

부동산학개론의 주의사항

　학개론 과목에서 단골로 출제되는 계산문제는 절대 버리면 안 된다. 앞서 언급한 수요와 공급 유형과 같이 숫자나 패턴만 살짝 바꾸어 꾸준히 반복 출제되는 단골유형들이 있다. 특히 최근 10년간의 기출문제에 적어도 세 번 이상 출제된 적이 있는 계산문제라면 절대 버리지 말아야 한다.

　참고로 계산문제 유형은 숫자와 패턴을 변경할 수는 있어도 기본 공식 자체는 결코 변경할 수 없기에 실제로는 단순하다. 게다가 같은 계산유형만 모아 몇 번을 반복해서 풀다보면 푸는 방식에 금방 익숙해지게 되고 기억에도 오래 남아서 결국에는 나름 효자 유형이 될 수 있다.

　물론 계산하는 데 다소 시간이 걸릴 수 있으니 실제 시험에서는 계산문제를 맨 나중에 풀어야 한다. 그리고 무엇보다 계산문제는 시험 직전에 반드시 다시 풀어보면서 감각을 날카롭게 가다듬어야 하고, 계산기를 자유자재로 다룰 수 있도록 연습해두는 것이 필요하다.

　법 과목은 한 번 풀었던 문제를 굳이 또 풀 필요 없지만 학개론의 경우, 계산문제나 정오(OX)판단형 문제(주로 A가 상승하면 B가 어떻게 되는지를 묻는 유형)는 일정 기간의 간격을 두고 여러 번 풀어 봐도 괜찮다. 학개론도 기본적으로는 다른 과목과 같은 방식의 공부 방법을 따르되, 수요와 공급 파트 및 각종 계산문제의 경우에는 필요하다면 회독 때마다 따로 몰아서 풀어보는 연습을 하는 것이 좋다.

참고로 유튜브에도 학개론의 기초계산문제 특강 같은 것들이 많이 있으니 언제든 자신이 약하다고 느끼는 파트가 있다면 유튜브를 적극 활용하여 각개격파 하도록 하자.

학개론도 이해가 우선이 되어야 한다

학개론에는 앞서 언급한 정오(OX)판단형 문제가 많이 나오기 때문에 무턱대고 암기하는 것은 좋지 않다. 특히 탄력성을 묻는 문제에서 '탄력적일수록'이라는 문장이 나오면 완전탄력적인 경우를, '비탄력적일수록'이라는 문장이 나오면 완전비탄력적인 경우로 바꾸어 생각해보는 것이 이해에 도움이 된다.

예를 들어 '공급곡선이 비탄력적일수록 수요가 변할 때 가격은 크게 변화하고, 거래량은 적게 변화한다.'라는 문장이 있다면, 공급곡선이 완전비탄력적으로 수직선인 경우를 대입해서 이해하는 것이다. 이때 공급곡선이 수직이므로 수요가 변할 때 가격만 변화할 수 있고, 거래량은 불변이므로 이해하기가 훨씬 편하다.

따라서 이런 스타일의 문제는 두문자로 암기코드를 만들면 나중에 더 헷갈릴 수 있으니 최대한 이해하려고 노력하되, 어쩔 수 없이 암기코드를 만드는 경우에는 어떤 주제인지 즉각 떠올릴 수 있는 주요 키워드를 포함하거나, 스토리를 가미해서 만드는 게 좋다.

예를 들면 "교차+대공포"(**교차**탄력성 +**대**체재>**공**(0)>**보**완재)와 같이 암기코드를 만드는 것이다. 이것은 "교차"라는 연상 키워드를 넣어서 교차탄력성에 대한 내용이라는 것을 바로 떠올릴 수 있도록 한 것이다.

버릴 것은 과감히

한편 학개론에는 과감히 포기하는 것이 여러 면에서 유리한 파트도 있다. 특히 감정평가 파트에서 고난도 문제가 4개 정도 출제되는데, 이것들은 개념습득도 어렵고 푸는 데 시간을 많이 잡아먹으므로, 익숙하지 않다면 과감히 버리는 것이 낫다고 본다. 나도 이 파트를 다 버리고 70점이 넘는 점수를 받았다. 버릴 문제는 시험장에서도 괜히 건드리지 말고 미련 없이 확실하게 버려야 한다.

민법 공부법

공인중개사 시험으로 법 공부를 처음 시작하는 사람이라면 이 민법 과목이 굉장히 생소할 수 있다. 특히 민법은 논리를 바탕으로 한 이해가 중요하기 때문에 초반에 법률용어에 친숙해지고, 개념을 정확히 아는 것이 중요하다. 물론 정확히 알아야 한다고 해서 절대 깊게 공부하라는 의미는 아니고, 자신이 이해하기 쉬운 표현으로 바꾸어 객관식 정답 고르는 데 지장 없도록 숙지하기만 하면 된다는 뜻이다.

예를 들어 권리능력, 의사능력, 행위능력과 같은 개념들을 구분한다고 치면, 권리능력은 생존하면 보유, 의사능력은 정신만 멀쩡하면 보유, 행위능력은 성인이면 보유한다고 자신만의 표현으로 바꾸는 것이다. 그리고 '살아 있는 자는 권리가 있기에, 정신과의사에게 성인행위에 대해 상담 받을 수 있다.'정도로 스토리를 가미한 암기코드를 만들어두면 암기하기 더 수월해진다.

참고로 암기코드는 반드시 짧다고 암기가 잘 되는 것은 아니며, 주요 키워드를 넣거나 이야기를 가미해 적당한 길이로 만들어 두면 짧은 두문자법보다 훨씬 덜 헷갈리고, 회독하면서 몇 번만 슬쩍 봐도 머릿속에 각인이 된다. 암기코드는 터무니없거나 우스꽝스러워도 상관없다. 암기하는 데 도움만 될 수 있다면 그 어떤 것이라도 괜찮다.

아무튼 이처럼 법 과목은 용어와 빨리 친숙해지고 관련 개념을 정확히 아는 것이 우선이라고 할 수 있다.

민법은 다른 법과목에 비해 이해가 더 중요하다

또한 앞서 언급했지만 민법은 2차 과목들에 비해 상대적으로 이해가 더 중요한 과목이다. 왜냐하면 전체 내용들이 어느 정도 서로 관련성을 가지고 있어서 한 단원이 다른 단원에도 영향을 주기 때문이다. 공법이나 중개사법 과목 같은 경우에는 도저히 이해가 안 되는 부분은 그냥 적당한 암기코드를 만들어서 생으로 암기하고 넘어가도 된다. 그러나 민법은 앞의 내용을 이해해야 뒷내용을 이해할 수 있는 경우가 많아 처음에 강의를 듣거나 핵심정리를 볼 때 내용을 최대한 이해할 수 있도록 노력해야 한다.

게다가 민법의 물권법 파트는 민법 내에서 출제빈도가 가장 높고 공시법 중 등기법과도 밀접한 관련이 있어서 더 열심히 공부해야 하며, 민법 공부를 마친 직후에는 등기법을 연달아 진행하는 것이 좋다.

인강을 듣는 경우 추천 강사는 채희대, 김덕수, 양민, 신대운 강사님 등이다. 참고로 유튜브에서 무료로 강의를 하시는 윤성종 강사님(너무경)의 강의도 꽤 괜찮다.

■ 그밖에 민법에 관한 사항들

앞서 설명한 내용들 외에도 민법을 공부할 때에는 다음 사항들을 염두에 두면서 공부하는 것이 좋다.

1. 민법은 다른 법과목에 비해 판례의 비중이 매우 높으므로 공부할 때 판례의 상황을 정확히 이해해야 한다. 그러기 위해서는 자신이 판례의 주인공이나 판례에 나오는 억울한 사람이 되었다고 생각하면 좋다. 또한 시험 직전에 판례특강을 듣는 것도 도움이 된다.

2. 일반적으로 민법의 사례문제(甲, 乙, 丙, 丁이 등장하는 문제)는 난도가 높고, 익숙해지기 전까지 푸는 데 시간이 많이 걸리므로 평소에 사례 독해 연습을 많이 해두는 것이 필요하다. 사례문제에 대한 두려움을 해소하지 않으면 시험장에서 낭패를 겪게 될 수도 있다.

3. 민법은 정직한 과목이다. 공부한 만큼 점수를 올릴 수 있다는 뜻이다. 그러므로 자신이 경제학 등을 전공해서 학개론을 고득점을 할 수 있는 상황이 아닌 이상, 민법을 착실히 공부해야 한다.

4. 3회독 정도 이후에 실력이 어느 정도 오르게 되면, 유사 시험의 민법 기출문제를 풀며 자신의 실력을 측정해보는 것도 나름 도움이 된다.

5. **최근 민법의 경우도 학개론과 마찬가지로 난도를 올리기 위해 최근 15개년 기출지문에서 골고루 출제**되는 듯한 경향이 있다. 따라서 1차 시험의 경우 반달문 기출문제집이 좋은 대안이 될 수 있다고 본다.

■ 공시법 공부법

공시법(지적법＋등기법)은 공부하는 순서에 있어서 전략이 필요하다. 참고로 공시세법은 지적법(현재는 공간정보법으로 법명 변경), 등기법, 세법을 합쳐 부르는 명칭이지만, 명확히 구별되는 각 과목의 특징 때문인지 특이하게도 학원 커리큘럼은 공시법과 세법을 따로 분리하여 서로 다른 과목으로 취급하고 있다.

공시법을 공부하는 순서와 관련해서는 민법과 관련이 있는 등기법을 먼저 공부하는 것이 좋다. 그렇게 하면 직전에 공부한 민법에 대한 복습 효과가 있고 등기법을 좀 더 수월하게 공부할 수 있는 시너지가 나기 때문이다.

특히 공시법을 공부할 때는 자신이 국가나 지방자치단체, 즉 행정관청이라고 생각하고 내용을 읽어나가는 것이 좋은데, 지적법과 등기법은 토지와 건물을 편리하고 효율적으로 관리하기 위해 행정관청의 입장에서 만들어진 법들이기 때문이다.

지적법의 경우 암기할 내용들이 꽤 있지만 분량이 엄청 많지는 않아 생각보다 아주 힘들지는 않다. 또한 백문이 불여일견이라고 처음 공부할 때 '정부24 홈페이지'를 통해 무료로 자신의 거주지나 인근지역의 토지대장과 지적도를 발급받아놓고, 이를 보면서 공부하면 이 과목을 이해하는 데 좀 더 도움이 될 수 있다.

한편 공시세법은 다음과 같은 비중으로 출제되니 세 가지 법 모두 충실히 공부해야 한다.

	지적법	등기법	세법	합계
문항 수	12개	12개	16개	40개
점수	30점	30점	40점	100점

공시법 인강 추천 강사는 배상용, 양기백 강사님 등이다. 참고로 세법에 관한 사항은 세법 공부법 코너에서 따로 다루도록 한다.

공법 공부법

공법은 일반인에게 굉장히 생소한 과목이다. 그래서 처음 공부할 때 용어와 개념이 잘 와 닿지 않아 애를 먹는 과목이기도 하다. 특히 공법은 기본강의만으로 개념정립이 안 될 경우에 빨리 기본강의를 멈추고 기초강의를 먼저 빠르게 보는 것이 상대적으로 더 도움이 될 수 있다. 기초강의를 볼 때에는 굳이 100% 이해하려고 할 필요 없다. 이때 암기는 더더욱 할 필요 없다. 최대한 이해하려 노력하되, 그래도 잘 모르겠으면 '아, 그냥 이런 개념이 있구나.'하면서 넘어가도록 하라. 어차피 다 모르더라도 기본강의를 듣고 기출문제를 반복하면서 문제 푸는 데 지장 없는 수준으로 자연히 이해력이 상승할 것이다.

공법은 결코 완벽주의를 추구하려고 하면 안 된다. 모든 과목이 그렇지만 공법 역시 기출문제에 출제됐던 부분에 대해서만 열심히 해도 충분하다. 나 역시 공법에 대해 제대로 이해하지 못한 채로 시험에 응시했지만 충분히 60점을 넘었다. 심지어 7년치 기출만 보고 시험을 봤음에도 말이다.

공법을 공부할 때는 공시법에서 언급한 것과 마찬가지로 자신이 국가나 지자체라고 생각하고 접근하는 것이 필요하다. 그리고 현행 국토계획법령 등의 체계상 개발제한구역에 관한 사항 등 아주 소수를 제외하고 국가가 지자체에 대부분의 사업을 위임하고 있기 때문에 주로 지자체장(특별시장~군수 등)이 사업을 결정하는 구조라는 것을 염두에 두고 공부해나가야 한다.

공법은 체계를 잘 잡아야 한다

한편 공법에는 유명한 체계도 강의라는 것이 있다. 강의를 듣고 기출을 봤는데도 잘 정리가 되지 않을 때 이것을 보면 유용하다. 체계도 강의는 유튜브에서도 볼 수 있는데 회독을 한 번 하고 정리를 위해 보는 것도 괜찮은 선택이다.

공법은 전체 체계를 얼마만큼 이해하고 있냐에 따라서 암기량이 줄어들고, 친숙도가 올라가게 된다. 특히 공법의 중심은 「국토의 계획 및 이용에 관한 법률」(이하 "국토계획법")으로, 이 중에서도 도시·군관리계획과 도시·군계획시설에 대한 내용이 특히 중요한데 이것들의 개념과 절차를 잘 잡고 있으면 공법을 한결 수월하게 공부할 수 있다.

일반적으로 정부가 기반시설(인프라)의 설치 등을 하는 사업인 도시·군계획시설사업을 예로 들면 ①도시·군계획**시설 결정**(무엇을 설치할 건지) → ②사업**시행자 지정**(누가 할 것인지) → ③**실시계획 인가**(어떻게 할 것인지 허락) → ④**착공** 및 **준공**(실제 공사의 시작과 끝)의 절차를 따른다. 다른 개발 관련 법령들의 사업들도 이와 유사한 흐름을 가지고 있기 때문에 초반에 국토계획법으로 중심을 잘 잡아두면 좋다. 역사적으로 국토교통부의 많은 법령들이 국토계획법을 근간으로 만들어졌기 때문이다.

그리로 보통 공법 강의를 듣다 보면 농지법 등의 특정 파트를 버리라고 하는 강사들이 있는데 이 공부법으로 공부하는 한, 그런 말들에 굳이 신경 쓸 필요 없다. 어차피 기출지문에 대한 이해와 암기를 충실히 하는 것만으로 모든 파트를 부담 없는 공부량으로 커버 가능하기 때문이다.

한편 인강 추천 강사로는 오시훈, 고상철, 김희상 강사님 등이 있다.

그밖에 공법에 관한 사항들

공법 문제를 풀 때 부정형의 문장은 일단 의심을 하는 것이 좋다. 법률 규정은 긍정형 문장이 부정형 문장에 비해 압도적으로 많기 때문이다. 특히 공법 과목은 법률 규정을 토대로 출제하므로 선택지에 부정형의 문장이 나오면 틀린 문장일 확률이 높다는 것을 염두에 두자.

공법에서도 완화된 용적률, 건폐율 등을 묻는 계산문제가 간혹 출제되는데 이에 대한 접근법은 학개론의 계산문제와 동일하다고 할 수 있다. 특히 공법의 계산문제는 그렇게 어려운 개념이 아니기에 회독할 때마다 조금 시간을 내어 연습해보고, 암기장 등을 통해 시험 직전에 눈도장을 찍어두면 좋다.

최근 공법의 경우 과거 2회 이상 기출된 선지에서 많은 문제가 출제되는 한편, 무려 11~12년 이상 지난 선지들까지 출제되고 있을 정도로 난이도가 어려워지고 있다. 따라서 가급적 핵심정리에서 2회 이상 출제된 지문들을 시험 직전에 꼭 숙지하고, 1차 과목들처럼 반달문 기출문제집 등 15개년 이상 수록된 기출문제집으로 공부하는 것이 안전하다고 할 수 있다.

공인중개사법 공부법

　이 과목은 공인중개사 시험의 전 과목 중 난이도가 가장 낮게 느껴지는 과목이다. 그래서 2차 시험은 중개사법에서 최대한 점수를 뽑는 것이 통상적으로 주요 전략 중 하나이기도 하다.

　그러나 그렇다고 방심하면 안 된다. 지문에서 조사(助詞) 하나만 살짝 바꿔서 출제하기도 하는 아주 치사한 과목이다. 그러므로 법령을 아주 정확하고 세세하게 공부해야 한다. 특히 절대적 취소, 상대적 취소, 벌금, 과태료 등을 잘 구분해서 정리해두어야 하는데, 헷갈리지 않도록 암기코드를 잘 만들어 두고 반복해서 보는 것이 중요하다.

　또한 모든 과목이 마찬가지지만 자신이 선택한 강사의 암기코드가 마음에 안 드는 경우 암기하기 편하도록 스스로 암기코드를 만들거나 재구성하도록 하자. 그래야 혼동되지 않고 더 기억에 오래 남고, 무엇보다 능동적으로 공부해야 실력이 더 크게 오른다.

　한편 최근 중개사법 개정으로 인해 상당 분량의 기출문제가 삭제되어 남아있는 기출만으로는 약간 부족한 감이 있다. 물론 다른 모든 과목을 기출로 탄탄히 다졌다면, 중개사법 역시 기출만으로 충분하지만 그렇지 않다면, 모든 과목들 중 유일하게 100선, 핵심정리 등을 통해 보충하는 전략을 써도 좋다.

　인강 추천 강사로는 정지웅, 임선정 강사님 등이 있다.

세법 공부법

앞서 설명한 공시법(지적법+등기법)과 더불어 공시세법의 한 축을 이루는 세법은 처음 공부할 때 용어가 어려워서 생소하게 느껴지고 마치 전형적인 암기과목처럼 보일 수 있다. 하지만 어느 정도 익숙해지고 요령이 생기면 실제로 암기할 분량이 그렇게 많지 않은 과목이라는 것을 알게 된다.

총 출제되는 16문제 중 취득세, 재산세, 양도소득세에서만 무려 10~13문제가 출제된다. 특히 양도소득세 파트에서는 무려 5문제가량이 출제되는데 이처럼 중요한 단원들을 우선순위에 두고 공부전략을 세워나가는 것이 유리하다.

간혹 세법을 포기하고 시험을 치르는 경우가 있는데 위험한 생각이고, 안정적으로 붙기 위해서라도 절대 그래서는 안 된다. 나의 경우 직장과 대학원 병행으로 인해 공부할 시간이 너무 부족해서 세법을 버렸다가 자칫 시험에 떨어질 뻔했었다. 이것은 명백한 나의 실수이다. 만약 내가 당시에 세법에 대한 공부전략을 제대로 세워놓고 있었다면 짧은 시간이라도 투자해 취득세, 재산세, 양도소득세 파트에 대해 어느 정도 공부하고 시험장에 갔을 것이다. 그러니 여러분들은 아무리 시간이 부족해도 이 단원들은 충실히 공부하고 시험장에 가길 바란다.

사실 전략적으로 접근하면 세법은 생각보다 그렇게 어렵지 않다. 지적법과 마찬가지로 암기과목에 불과하고, 오히려 등기법이 더 어렵다고 느끼는 사람도 많을 정도다. 그러니 괜히 세법이라는 이름에 압도되지 말자. 세법 역시 기출 의존도가 높은 편이라, 기출을 중심으로 충실히 공부하면 되는 과목이다.

인강은 이송원 강사님 것을 추천한다. 이분의 강의는 유튜브에서도 찾아볼 수 있는데 세법에 대한 이해도를 높여주고 핵심을 잘 짚어주는 것으로 유명하다. 또한 이송원 강사님은 매년 세법 출제 포인트를 요약·정리한 한 장짜리 프린트 물을 제작하고 있으니, 세법 과목 전략을 세우는 데 활용하도록 하자.

1차 과목 전체, 2차 과목 전체를 각각 하나로 생각하라

3회독 정도를 끝마친 뒤에는 1차 과목인 학개론과 민법을 하나로 묶고, 2차 과목인 중개사법, 공법, 공시세법을 또 다른 하나로 묶어 생각할 필요가 있다. 왜냐하면 1, 2차 각각 평균 60점 이상을 받아야 합격이므로 이 과목들은 운명공동체나 다름없기 때문이다.

또한 일정 회독이 끝난 후부터는 처음부터 끝까지 진도를 반복하는 방식의 공부는 일반적으로 매우 비효율적이다. 그래서 공부 중후반기부터는 무턱대고 처음부터 진도를 나가는 것보다 자신이 판단하기에 가장 취약한 부분 위주로 공략하면서 구멍을 메워나가는 센스 있는 공부가 필요하다.

즉 목차를 훑어보거나 기출문제집을 쭉 넘겨보면서 자신의 약점인 부분 중 당장 한 문제라도 더 맞힐 수 있는 것을 찾는 작업을 하는 것이다. 이런 마인드로 공부하면 약점이 자연히 채워져 전 과목의 과락을 방지할 수 있으면서도 여기저기서 빠르게 점수를 올릴 수 있게 된다. 따라서 3회독 정도를 마친 이후부터는 약점을 찾아 없앤다는 마인드로 전환하여 공부를 할 필요가 있다.

제4장

공부계획 수립 및 실행 등

언제부터 새로운 공부법을 적용하면 좋은가

그것은 바로 오늘 당장, 즉 이제부터다. 기존의 공부 방식이 비효율적이라고 판단되거나 오랜 기간 성적이 오르지 않고 있다면 최대한 빨리 이 책에서 권장하는 방법들로 바꾸는 것이 좋다. 현재 진행 중인 단계의 진도를 다 안 나갔다거나 하는 것은 전혀 중요한 것이 아니다. 시험에 한 번이라도 떨어져본 적이 있는 사람이라면 불합격의 원인이 결코 진도를 다 못 나갔기 때문이 아니라는 것을 이미 잘 알고 있을 것이다.

경제학 또는 부동산학개론에는 매몰비용이라는 개념이 있다. 이미 지나간 시간에 대해서는 되돌릴 수 없다는 의미이다. 따라서 과거에 연연하지 말고 앞으로의 시간만을 생각하라. 만약 지금 공부 중인 과목의 중간 어느 지점까지 진도를 나간 상황이라면, 이제 그 다음 부분부터 새로운 공부법을 적용하도록 하자. 그리고 이미 지나간 앞 부분은 끝까지 진행한 뒤, 나중에 추가로 새 방법을 적용하면 된다.

만약 새로운 공부법에 의구심이 든다면

인생이 걸린 시험이고, 시험까지 얼마 남지 않았다면 불안한 마음에 충분히 그럴 수 있다. 게다가 오랜 기간을 함께 한 자신만의 공부 방식과 습관이 있을 텐데 선뜻 모든 것을 단번에 바꾸기는 어려울 수 있다는 것도 이해한다.

 이처럼 만약 새로운 공부법에 대해 <u>의구심이 든다면 현재 자신이 가장 공부를 덜한 과목이나 제일 약한 과목에 시험 삼아 먼저 적용해 봐도 좋다.</u> 분명 뛰어난 효과와 빠른 실력 상승을 체감할 수 있게 될 것이다.

목표점수

 합격선보다 최소 10%는 더 득점하겠다는 마음가짐으로 공부하자. 그렇게 공부해야 실제 시험에서 60점을 넘길 수 있고, 어느 정도 효율적으로 붙게 될 가능성이 높다. 따라서 여러분의 목표점수는 최소 66점인 것이다.

 공부 시간이 넉넉하다면 70점 정도를 목표로 하는 것이 괜찮다고 본다. 하지만 대부분은 시간이 여유롭지 못할 것이고, 너무 높은 점수를 목표로 공부하는 것은 오히려 비효율적이거나 완벽주의 성향으로 공부하게 될 수 있으니 과하게 높은 목표점수를 정하는 것은 지양하도록 하자.

■ 시간이 아니라 양으로 목표를 설정하기

　시간이 아니라 양으로 하루에 완수할 공부 목표를 정하는 것이 좋다. 즉 나는 오늘 '10시간을 공부해야지.'가 아니라, '<u>100페이지를 봐야지.</u>', '<u>기출문제를 50개 풀어야지.</u>', 또는 '<u>두 개의 단원을 끝내야지.</u>'등 양으로 목표를 정하는 것이다. 사실 공부시간은 크게 의미 없다. 하루 종일 앉아있어도 실제 공부하는 양이 얼마 안 되면 그것은 실패한 공부이기 때문이다.

　예컨대 나의 경우 초반 1회독 때 한 과목을 시작하면, 그것을 최대한 빨리 끝내도록 목표를 잡고 공부했고, 가능한 한 일주일 이내에 그 과목을 끝낼 수 있도록 전력을 다했다. 비록 기한을 제대로 지키지 못한 경우도 있었지만 최대한 계획을 지키려고 노력하였고, 그 과목이 끝날 때까지 다른 과목은 보지 않았다.

시험일로부터 역순으로 공부계획 세우기

계획을 세울 때는 시험일을 기준으로 역 시간 순으로 계획을 세워나가는 것이 좋다. 그래야 남은 기간 동안 무엇을 해야 할지 판단할 수 있기 때문이다. 다음 표는 공부계획표를 예시로 만들어본 것이니 참고하기 바란다.

〈[예시] 주7일 기준 공부 계획표의 일부〉

	7.3.(일)	7.4.(월)	7.5.(화)	7.6.(수)	7.7.(목)	7.8.(금)	7.9.(토)
오전							
오후			-		학개론 1회독		
저녁							

	7.10.(일)	7.11.(월)	7.12.(화)	7.13.(수)	7.14.(목)	7.15.(금)	7.16.(토)
오전							
오후				학개론 1회독			
저녁							

(중략)

	9.11.(일)	9.12.(월)	9.13.(화)	9.14.(수)	9.15.(목)	9.16.(금)	9.17.(토)
오전							
오후	중개사법 2회독(이하 회독 글자 생략)				학개론3		민법3
저녁							

	9.18.(일)	9.19.(월)	9.20.(화)	9.21.(수)	9.22.(목)	9.23.(금)	9.24.(토)
오전							
오후	민법3	공시세법3		공법3		중개사법3	
저녁							

	9.25.(일)	9.26.(월)	9.27.(화)	9.28.(수)	9.29.(목)	9.30.(금)	10.1.(토)
오전 오후 저녁	학개론4	민법4	공시세법4	공법4	중개사법4	학개론 암기장 제작	

	10.2.(일)	10.3.(월)	10.4.(화)	10.5.(수)	10.6.(목)	10.7.(금)	10.8.(토)
오전 오후 저녁	학개론 암기장 제작		민법 암기장 제작				공시세법 암기장 제작

	10.9.(일)	10.10.(월)	10.11.(화)	10.12.(수)	10.13.(목)	10.14.(금)	10.15.(토)
오전 오후 저녁	공시세법 암기장 제작			공법 암기장 제작			

	10.16.(일)	10.17.(월)	10.18.(화)	10.19.(수)	10.20.(목)	10.21.(금)	10.22.(토)
오전 오후 저녁	중개사법 암기장 제작				학개론 암기장 1독	민법 암기장 1독	학개론+민법 연도별 기출 풀기

	10.23.(일)	10.24.(월)	10.25.(화)	10.26(수)	10.27.(목)	10.28.(금)	10.29.(토)
오전 오후 저녁	중개사법 암기장 1독	공법 암기장 1독	중개사+공법 연도별 기출 풀기	공시세법 암기장 1독	공시세법 연도별 기출 풀기	전 과목 암기장 1독	D-DAY

이 예시는 10월29일이 시험이라면 9월30일부터 약 한 달간은 암기장 제작 및 암기 등, 9월25일~29일까지는 전 과목 4회독, 9월15일~24일까지는 전 과목 3회독, 8월26일~9월14일까지는 전

과목 2회독, 7월7일~8월25일까지는 전 과목 1회독과 같이 역시간 순으로 계획을 세운 것이다. 한 과목의 회독기간은 1회독 10일, 2회독 4일, 3회독 2일, 4회독 1일로 가정하였다.(참고로 흔히 말하는 8-4-2-1 공부법과 유사한 스케줄이다.)

계획은 최대한 지키려고 노력하되, 사정에 의해 변동될 수 있으므로 중간중간 틀어질 때마다 계속 수정해나가면 된다. 나의 경우에는 수정이 편하도록 엑셀로 계획을 관리했었다.

또한 일주일에 7일을 공부할지 6일을 공부할지에 따라서도 계획을 조금씩 달리 세울 수 있다. 참고로 중간에 쉬는 날을 넣더라도 가급적이면 한 과정이 다 끝난 시점에 넣는 것이 공부의 흐름상 좋다고 본다.

4개월 정도 만에 합격도 가능하다

전업 수험생이 주 7일 공부를 기준으로 4회독까지 계획을 세웠을 경우, 이론상 약 4개월(120일) 정도 만에 합격이 가능하다는 계산이 나온다. 일부의 휴식과 시행착오 등을 감안하여도 4개월 반 정도면 충분하다고 본다.

1일 순 공부시간은 강의 듣는 시간을 포함해 약 7~8시간 정도로 산정하였다. 강의는 어차피 기본적인 지식을 터득하기 위해 1회독 때만 듣게 될 텐데, 앞서 설명한 것처럼 굳이 필기 같은 것은 하지 말고 최대한 빨리 듣도록 해야 한다. 만약 사람에 따라 순공 10시간이 가능하다면 3개월 안에도 합격할 수 있을 것이다.

다음 표는 강의기출법을 기준으로 세운 4개월(120일) 및 4개월 반(135일) 계획에 대한 대략적인 산출근거이다.

〈4개월(120일) 계획 산출근거〉

1회독	2회독	3회독	4회독	암기장	여분	합계
50일	20일	10일	5일	30일	5일	120일

〈4개월 반(135일) 계획 산출근거〉

1회독	2회독	3회독	4회독	암기장	여분	합계
50일	20일	15일	10일	30일	10일	135일

앞서 내 합격수기에서도 언급했지만 나는 직장과 야간 대학원을 병행하며 시험을 준비했기 때문에 실제 공부기간이 비 전업으로 5개월 정도였다. 그 기간 동안 3회독도 간신히 했고, 약 7년가량의 기출문제만 보았으며, 심지어 암기장도 만들지 못했다. 이런데도 합격을 했다.

참고로 만약 내가 전업수험생이고, 앞서 여러분에게 제시한 4개월짜리 계획으로 10년치 기출문제를 보며 하루 8시간씩 공부한다고 가정하면, 모든 과정을 마치는 데 약 2개월 반 정도가 걸릴 것으로 예상된다. 나는 이미 여러 객관식 시험들로 단련된 상태이기 때문이다. 즉 내가 여러분에게 제시한 4개월 계획은 내 기준이 아니라 일반적인 수험자를 기준으로 짠 것임을 분명히 밝힌다.

물론 사람에 따라서는 기간이 1회독 때는 좀 더 걸리기도 하고, 암기장을 만들 때는 오히려 덜 걸리기도 한다. 120일이라는 수치는 한 눈 팔지 않고 성실하게 공부한다는 전제 하에, 각 단계별 일정을 어느 정도 가감한 평균적인 것이라는 것을 참고하자.

120일 계획은 여러분의 생각보다 안전하다

내가 지금까지 여러분에게 설명한 공부 방법과 계획 등은 내가 실제로 공인중개사 시험을 준비했던 과정보다 더욱 안전하게 합격할 수 있도록 고안한 것들이다. 그리고 그것들은 이 시험보다 더 고난도의 시험들을 통해서, 그리고 나뿐만 아니라 수많은 합격자들을 통해서 이미 여러 차례 검증을 거쳤고 말이다.

따라서 훌륭한 계획을 세우고 어느 정도 제대로 실천했다면 목표대로 100%를 달성하지 못했다고 해서 불합격하는 것은 아니니, 중요한 것은 내가 예시로 든 것처럼 강도 높고 안전한 계획을 세운 다음, 그 목표를 최대한 지키기 위해 노력하여 합격확률을 끌어올리는 것이다. 만약 계획을 세우는 데 자신이 없다면 앞서 설명한 계획을 그대로 따라 해도 괜찮다.

1차 또는 2차만 준비할 경우

동차를 준비하는 것은 전 과목을 골고루 관리해줘야 하기에 1, 2차 중 하나만 준비할 때보다 2배 이상 어렵고 오래 걸린다. 따라서 전업수험생이 이 책의 방법으로 1차 또는 2차만을 준비한다면 2개월보다 더 짧은 기간을 공부하고 합격하는 것이 가능하다.

공부계획의 수정

 공부계획을 세워놓고 실행을 하다보면 막상 많은 변수가 생기기 마련이다. 그로 인해 처음에 세웠던 계획은 결국 틀어지고 마는데 상황에 맞게 계속해서 수정해나가야 한다.
 그러나 계획이 틀어졌다고 해서 무엇이 잘못된 것이 아니다. 그런 시행착오를 겪으면서 계획은 더 탄탄해지기 마련이므로 너무 걱정할 필요 없다.
 또한 계획을 수정할 때는 자신에게 남은 기간이 얼마고, 자신의 실력이 어느 정도에 와있는지를 항상 고려해야 한다. 시험까지 남은 기간 동안 소화할 수 없는 비현실적인 계획을 실행해나가는 것보다는 적정 수준의 공부 범위를 다시 정하고, 반복을 통해 그 범위 안의 내용을 99.9% 소화하는 것이 훨씬 낫다.
 특히 시험이 얼마 남지 않은 시기부터는 절대 범위를 넓히지 말고 이미 공부한 내용만을 반복해서 완전히 자신의 것으로 만들어야 한다. 그렇게 공부해야 시험이 다가올수록 줄여가는 공부를 할 수 있게 되고, 시험 직전에 전 과목, 전 범위를 다 훑어볼 수 있게 된다.
 항상 완벽한 준비는 없다는 것을 명심하자. 제대로 공부하고 있다면 시험이 다가올수록 불안하기 마련이고, 불완전하게 준비했다는 생각이 들어도 시험에 얼마든지 합격한다.

이번 시험에 모든 것을 걸어라

시험까지 3~4개월 이상이 남아있다면, 다음 시험이 아닌 이번 시험에 모든 것을 걸고 공부하기를 권한다. 만약 목표 시험일까지 1년 3개월이 남아있다고 해서 그 모든 기간을 정말 효율적으로 공부할 수 있다고 보는가? <u>결국 다음 시험의 합격률을 최고로 끌어올리는 방법이자, 단기간에 실력을 최대한 쌓는 방법은 바로 이번 시험에 전력을 다하는 것이다.</u>

그리고 단기간 전력을 다한 경험은 앞으로의 시행착오를 줄이고 실력을 높이 끌어올리는 데 큰 도움이 되어줄 것이다. 물론 운까지 따라준다면 단기 합격도 가능하고 말이다.

예습과 복습

결론부터 말하면 이 책의 내용대로 공부하는 경우, 예습·복습 시간을 굳이 따로 할애할 필요가 없다.

이론적으로 시간만 많다면 예습과 복습을 모두 하는 것이 학습에 효과적일 것이다. 그러나 우리에게 주어진 시간은 그리 많지 않다. 그렇기에 공부에 있어서 항상 우선순위를 두고 상대적으로 더 중요한 것을 해나가야 한다.

나는 대부분의 수험공부에서 예습은 필수가 아니지만 복습은 필수적이라고 본다. 복습 없는 강의 시청은 일주일만 지나도 무(無)로 돌아간다는 것이 이것을 지지하는 예라고 할 수 있겠다.

한편 이 책에서 소개하는 공부법들은 다행히도 자동 복습효과를 가지고 있다. 따라서 여러분이 이 책에서 권장하는 방법으로 공부한다면 굳이 예습·복습 시간을 따로 정할 필요 없이 그저 믿고 따라가기만 하면 된다.

이해와 암기

공부를 하다보면 무엇을 이해하고 암기할 것인지를 결정해야 한다. 일반적인 순서는 <u>선 이해, 후 암기</u>이다. 즉 최대한 이해하고 난 뒤 암기해야 한다는 뜻이다. 예외적으로 이해하려고 노력했는데 개념이 너무 심오하고 어려울 때, 또는 논리적으로 일관성이 없고 워낙 단편적이라 도저히 이해로 해결할 수 없을 때 등 <u>암기하는 것이 확실히 더 우수하고 빠른 방법인 경우에 한하여 단순암기를 결정</u>해야 한다.

두어 번만 보면 충분히 이해할 수 있는 개념인데도 이해하기를 포기하고 무턱대고 두문자로 암기코드를 만들어버리면 수험생활이 고달파지고, 나중에는 두문자들끼리 혼동이 되어 낭패를 겪을 수 있다. 따라서 무조건 암기부터 할 것이 아니라 개념이 체계적이거나 논리적인 것들은 가능한 한 먼저 이해하는 쪽으로 방향을 잡고 가야 한다.

객관식 시험에서의 암기

　객관식 시험은 주관식 시험과 다르게 많은 내용을 간단하게 암기해야 한다. 정오(OX)를 판단해서 답을 가려낼 수 있기만 하면 될 정도로 말이다.

　그렇다고 OX문제집을 사서 풀라는 것이 절대 아니다. OX문제는 5지선다형 객관식 문제보다 훨씬 더 어렵다. 특히 공부 초반부터 OX문제집으로 복습하려는 사람들이 있는데 이는 엄청난 스트레스가 되고 자신감만 상실할 뿐이며 빠르게 진도 나가는 데 걸림돌이 된다.

　심지어 OX문제 중 틀린 지문은 기억을 왜곡할 수 있기 때문에 이것을 보느니 차라리 정(正)지문 교재를 보는 것이 나을 정도다. 강의를 들을 때도 OX문제로 복습하는 부분은 스킵해도 별 지장이 없다. 나 역시도 기본강의를 들을 때 OX문제 복습 부분은 건너뛰었다. 이미 단원별 기출문제집으로 충분히 복습한 내용들이었기 때문이다.

■ 학원 수강 시 유의할 점

  학원수업은 시간도 시간이지만 많은 체력과 정신력 소모를 수반한다. 세 시간 정도 수업을 듣고 나면 기운이 다 빠지고, 한동안 쉬어줘야 하며, 많이 공부한 것 같은 착각까지 들게 해 여러 가지로 이후의 공부를 방해한다. 그래서 가급적이면 현강(현장강의)보다는 인강을 추천한다. 인터넷 강의는 체력과 정신력 소모를 줄일 수 있고, 자신의 스케줄도 조절할 수 있어 일석이조이기 때문이다.

  반면 공부에 대한 의지가 약한 사람의 경우에는 강제로 학원에 나와서 현강을 듣는 것도 좋은 방법이 될 수 있다. 간혹 현강을 들을 때 좋은 자리를 차지하기 위해 새벽부터 학원에 나와 줄을 설 정도로 열정적인 사람들이 있다. 그리고 7급 공무원 시험에 합격한 내 지인 중에도 그런 사람이 있었다.

  한편 학원 강사를 선택할 때에는 시험에 강한 사람, 즉 시험에 합격한 적이 있는 강사를 선택하는 것이 좋다. 특히 공인중개사보다 훨씬 어려운 사법시험, 행정고시, 감정평가사 같은 시험에 합격한 사람을 선택하는 것이 좋다고 본다. 그들은 은연중에 자신의 합격 노하우를 강의에 담아 가르치기 때문이다.

  단 실력이 있더라도 자신과 맞지 않는 강사는 피하고, 필요하다면 과감히 강사를 변경하도록 하자. 나 역시도 1타 강사가 나와 맞지 않아 다른 강사의 강의를 들은 적이 있었는데 합격하는 데 전혀 지장 없었다. 게다가 대부분의 교재와 강의 목차는 대동소이하므로 기존에 들었던 부분까지는 다시 들을 필요는 없고 이후 부분부터 들어나가면 된다.

학원과 강사를 전적으로 믿지는 말라

　자신의 공부법에 확신이 없을수록 학원에 의존하려는 경향이 강하다. 그리고 학원은 그런 사람들을 대상으로 장사를 하는 곳이다. 만약 여러분이 학원의 경영자라면 학원의 수익을 극대화하기 위해 어떻게 하겠는가? 자신의 학원에서 가르치는 내용의 100%가 시험에 나왔다고 홍보하고 싶을 것이다.

　그러려면 학원은 시험에 나오는 모든 내용을 다 가르쳐야만 하고, 수험생들은 학원에서 권장하는 이 커리큘럼을 모두 소화하려면 엄청난 양의 공부를 해야 한다.

　통상적으로 100점을 맞기 위한 공부를 하는 데 드는 노력을 100%로 잡으면 80~90점을 만드는 데 드는 노력은 50%도 채 되지 않는다. 심지어 70점 받기 위한 노력은 더더욱 적게 들고 말이다. 즉 학원은 닭을 잡기 위해 소 잡는 칼을 만들어내는 공부를 시키고 있는 것이다. 그런데도 여러분은 학원이 하라는 대로 많은 시간을 쓰고, 엄청난 스트레스를 받으면서 어마어마한 양의 공부를 할 것인가?

여러분은 비판적인 자세로 학원에서 가르치는 방법이 과연 효율적인지를 검토해봐야 한다. 설사 100점을 맞아야 합격하는 시험이라 할지라도 천재가 아닌 이상 학원에서 권하는 방법으로는 결코 100점에 도달하기 어렵다.

물론 학원에서 시키는 대로 공부하면 공부 초반에는 안도감을 느낄지 모른다. 그들은 전문가고 가장 안전한 방법을 알려준다는 생각이 들 테니까.

하지만 시험일이 다가올수록 느끼게 될 것이다. 갈수록 자신은 학원의 커리큘럼을 따라가지 못해 진도가 밀리게 되고, 점점 무언가가 잘못되어 가고 있음을.

공부하다 이해가 되지 않을 때

공부하다 막히거나 이해가 잘 되지 않을 때는 그 내용 근처에 '??'등의 표시를 한 뒤 해당 내용이 있는 페이지 끝을 살짝 접어두거나 페이지마커 포스트잇을 붙여두고 넘어가도록 하자. 그런 부분은 나중에 실력을 어느 정도 쌓은 후에 따로 보기를 권한다.

그래야 지치지 않고 더 빨리 많은 진도를 나갈 수 있고, 효율적으로 공부할 수 있다. 여러분들은 분명 살면서 처음에 이해가 안 되던 것들을 나중에 접했을 때 '아하, 이게 이런 뜻이었구나!'하는 경험을 해본 적이 있을 것이다. 이처럼 사람의 두뇌는 스스로 정리하는 자정작용이 있어서 오늘 이해가 되지 않은 것이 다음에 볼 때 단숨에 이해되기도 한다.

만약 그 이해가 되지 않는 내용이 뒤의 내용을 이해하는 데 큰 영향을 주어 걸림돌이 되는 상황이라면 먼저 핵심정리나 인터넷 등으로 검색을 하고, 검색으로 해결이 되지 않을 때는 학원 홈페이지나 강사의 Q&A게시판 등을 이용하도록 하자.

기본서는 굳이 안 봐도 된다

조금 과격하게 말해서 공인중개사 시험에 기본서는 필요 없다. 실제로 나는 이 시험을 준비하면서 모든 과목의 기본서를 단 한 페이지도 읽은 적이 없다. 공인중개사 시험을 준비하기 전부터 다른 전문직 자격증의 1차 시험, 그리고 7·9급 공무원 시험과 같은 응용 문제은행식 시험에서 기본서의 역할은 사실 백과사전 정도에 불과하다는 것을 잘 알고 있었기 때문이다.

그런데 심지어 이 백과사전의 역할조차 이 시험에서는 핵심정리라는 교재가 충분히 대체할 수 있다. 핵심정리는 기본적으로 중요도(출제빈도)에 따라 문장이 분류돼있고, 뛰어난 검색 기능까지 갖추고 있기 때문이다. 즉 기출문제집을 보다가 모르는 것이 있을 때 검색을 통해 빠르고 쉽게 해당 내용을 찾아볼 수 있기에 핵심정리는 초스피드 백과사전으로서 부족함이 없는 교재라고 말할 수 있다.

기본강의를 들을 때조차 기본서를 보지 않아도 된다

기본서가 필요 없는 것은 강의를 들을 때도 마찬가지다. 강의를 들으면서 굳이 기본서를 펴놓을 필요가 없다는 뜻이다. 강의를 들을 때 시선은 오직 강사를 향해서 두고, 강의에만 집중하는 것이 좋다. 강사가 교재 몇 페이지를 보라는 말을 하더라도 굳이 고개를 돌리거나 책을 펼 필요 없다. 그런 행동들은 오히려 집중력을 더 흐트러지게 만들 뿐이다.

어차피 강사가 말했던 내용 중에 정말 중요한 내용은 기출문제로 복습할 때 다 접하게 될 것이다. 정말 불안하거나 걱정이 된다면 차라리 핵심정리를 펴놓도록 하자. 그럼 강사가 중요하다고 강조하는 내용이 과거에 몇 번 출제된 것인지를 확인할 수 있을 것이다. 나의 경우에는 기본서는 물론 핵심정리도

펴놓지 않고 그저 강의만 집중해서 들었다. 참고로 교재 없이 강의를 들어도 무방할 정도로 강사의 발음이 명확해야 함은 필수 요건이다.

이처럼 앞으로는 여러분도 기본서를 정독하면서 쓸데없이 시간을 낭비하지 않기를 바란다. 우리가 왜 이 시험을 준비하는지 생각해보자. 시험에 나오는 것만 골라 가장 빠르고 얍삽하게 공부하는 것만이 최단 기간 내 최고의 합격 확률을 보장하는 것이다. 시험공부는 기본서를 통해 깊이 있게 학문을 갈고닦는 일도, 실무능력을 키우는 일도 아니다. 오로지 빠르게 합격하는 것, 그것만이 목표다.

처음부터 완벽주의는 위험하다

시험공부 초반에는 어느 정도 '대충'공부할 줄도 알아야 한다. 모든 것을 다 이해하고 암기하면서 공부하려는 것이 독이 될 수도 있다는 의미이다. 처음부터 모든 내용을 완벽히 이해하거나 아주 지엽적인 것까지 공부하겠다고 생각하면 책을 끝까지 보기 어렵고, 심지어 지쳐서 포기하게 될 수도 있다. 그러므로 처음 책을 볼 때는 가볍게 핵심 위주로만 보면서 도저히 이해가 안 되는 부분을 접할 때는 일단 '그런가보다'하고 넘기는 마음으로 공부하자. 그나마 완벽주의가 필요할 때는 시험 직전에 스스로 만든 암기장을 암기할 때 정도일 뿐이다.

기출문제 해설을 볼 때도 굳이 변두리를 살펴볼 필요 없는 사항에 괜한 호기심이 발동해 기본서를 자주 들춰보거나 포털을 검색하는 행위는 수험에 부적합하니 지양해야 한다. 혹시 출제될지 모른다는 생각에 자꾸 수험적합하지 않은 행위를 하게 되면 그만큼 여러분의 수험기간은 길어지고 고통스러워질 것이다.

그리고 10000에 하나 여러분이 공부하지 않은 지엽적인 문제가 출제되더라도 여러분의 합격에 전혀 지장이 없다. 그러니 한 페이지를 너무 완벽히 보려하기보다는 그 시간에 다음 페이지 진도를 나가는 게 현명하다. 출제 가능성이 높은 것들을 공부하는 것만으로도 벅찰 정도로 수험생활은 빠듯하다는 것을 항상 명심하자.

불안해도 극복해야만 합격한다

사실 공부에 익숙하지 않은 사람이라면 이런 마인드로 공부하는 것에 대해 불안한 마음이 들 수도 있겠지만, 공부하는 과정에서 점차 깨닫게 될 것이다. 불완전한 듯한 공부가 오히려 더 완전에 가까운 실력을 만드는 방법이라는 것을 말이다.

오랫동안 각종 수험가에서는 천재가 아닌 이상, 완벽주의를 추구하는 것이 장수생과 열등생의 고질적인 습관으로 치부되기도 했다. 부디 명심하라. 완벽주의를 떨쳐내야 이 시험에서 빨리 승리하고 떠날 수 있다는 사실을.

자기만족을 위한 공부는 지양하자

 여러분 중에는 강의와 기본서 위주로 1년 내내 열심히 공부하고 실제 시험을 치렀는데, 시험에 나오는 대부분의 문장들이 헷갈리고 정답에 대해 확신을 가질 수 없었던 경험을 해본 사람들이 있을 것이다.

 그런 경험을 한 이유는 기계적으로 강의나 기본서의 진도를 나가기 위한 학습이 스스로의 욕구를 채우기 위한 작업에 불과할 뿐 점수를 올리는 데 직결되는 공부가 아니기 때문이다. 그것은 엄연히 합격이라는 목적을 벗어난 행위이다.

 항상 시험장에서 써먹을 수 있는지 없는지를 기준으로 그날 공부할 것을 판단해야 한다. 만약 써먹을 수 없다면 15시간동안 강의 20개를 들었다 해도 스스로 대견하다는 생각이 들뿐이지, 실제로는 그저 헛된 시간낭비를 했을 뿐이다.

합격수기

　일반적으로 고시나 공무원 시험, 전문직 자격시험 등의 경우 합격수기가 굉장히 중요하다. 특히 합격수기를 통해 최연소 합격자에게서는 좋은 공부법과 습관을, 그리고 수석합격자에게서는 강인한 정신력을 배울 수 있기 때문이다. 그러나 이 시험의 경우 조금 다르다고 본다.

　이 시험은 10문제 중에 중에 4개나 틀려도 합격할 수 있는 시험인데다가 1차와 2차를 서로 다른 해에 합격할 수 있다. 그렇기에 경우에 따라서는 상당히 비효율적인 방법으로도 시험에 붙을 수 있고, 만약 그런 방법으로 공부한 사람들이 쓴 합격수기를 수험생들이 읽게 될 경우 자칫 시행착오를 겪게 될 가능성이 높다.

　한편으로 학원 강사 선택을 위해 합격수기를 참고하는 것 정도는 괜찮을 것 같다. 하지만 그 외에는 이 책에 있는 내용만으로도 충분하다고 생각한다.

■ 사람마다 공부 스타일이 다르다고? 하지만…

　누구는 연습장에 빽빽이 쓰면서 공부하고, 누구는 기본서가 너덜너덜해질 때까지 보고, 누구는 요약집으로만 공부하는 등 사람마다 공부하는 방식이 다르다고들 한다. 맞는 말이다. 합격자, 불합격자 모두 놓고 보면 그들이 공부하는 방법은 정말 가지각색이기 때문이다. 특히 불합격자의 공부 스타일이야말로 정말 천차만별이다.

　하지만 나는 어디까지나 <u>기본이 있고서야 공부 스타일의 다양성도 존재하는 법</u>이라고 본다. 그리고 현명한 수험생이라면 자신의 현재 공부 스타일만을 고집할 것이 아니라, '아주 효율적으로 합격한 사람들이 가진 기본기나 공부 방법을 벤치마킹하면 더 쉽게 합격할 수 있지 않을까?', '남들이 2년 공부하는 것을 반년으로 줄일 수는 없을까?' 하는 생각을 끊임없이 가져야 한다.

인풋은 필요 최소화, 아웃풋은 극대화

　참고로 인풋(input)이란 머릿속에 지식을 입력하는 작업을 말하고, 아웃풋(output)은 머릿속에서 지식을 끄집어내어 활용하는 작업을 말한다. 이 시험에서는 강의와 기본서 등이 인풋의 수단에 해당하고, 기출문제집 등이 아웃풋 수단에 해당한다.

한편 고난도 시험에 효율적으로 합격한 사람들은 어떤 중요한 공통점을 가지고 있다. 그 중 하나는 바로 아웃풋 위주로 공부했다는 점이다. 그리고 이는 다른 대부분의 시험에서도 마찬가지다. <u>수험가에 시험은 기출문제로 시작해 기출문제로 끝난다는 유명한 말도 있을 정도니</u> 말이다.

따라서 자신의 공부 스타일이 남들과 달라서 자기 방식대로 하겠다고 마음먹었다면 적어도 아웃풋에 해당하는 기출문제 위주, 즉 결과지향적 공부를 하고 있어야 한다고 본다.

물론 그렇다고 인풋이 전혀 필요 없다는 것은 결코 아니다. 공부 초반에는 인풋 작업이 분명 필요하고, 그것을 통해 최소한의 감을 익힐 정도의 지식을 쌓아야 한다. 다만 어디까지나 인풋은 최소한으로 충분하다는 것이 핵심이다. 이 방식을 수험 후반까지 가져갈수록 합격 확률은 낮아진다고 보면 된다.

인풋(기본서와 각종 강의 등)에 상대적으로 많은 시간을 투자해서는 효율적으로 빨리 합격하기 어렵다. 여러분들 중 공부에 자신이 없거나 과거에 충분히 공부했다고 생각했으나 이 시험에 불합격한 경험이 있는 경우에는 과감하게 자신의 공부 방법을 바꿀 필요가 있다고 본다. 이것은 결코 자신의 과거 공부인생을 부정하는 행위가 아니다. 오히려 그동안 몰랐던 공부의 이치를 깨닫고 앞으로 더 발전할 수 있는 기회를 얻은 것이다.

간혹 좋은 공부법을 접하고도 시험에 실패하는 사람들이 있다. 그리고 그들의 공통점 중 하나는 새로운 방법으로 며칠 정도 느슨하게 공부하다가 그 새로운 방법이 자신과 잘 맞지 않는다면서 원래의 방식으로 돌아가 버린다는 것이다.

이 책을 보시는 여러분들은 절대 그런 식이 되어서는 안 된다. <u>새로운 공부 방법을 택했으면 적응기간 동안은 기존보다 더욱 더 집중하여야 하고</u>, 이번만큼은 이 시험을 정복하겠다는 각오를 다져야 하며, <u>믿음을 가지고 끈기 있게 밀고 나가야 한다.</u>

이 시험은 10문제 중 4개를 틀려도 합격하는 시험인 만큼 비효율적인 방법들로 오래 공부해서 합격한 사람들도 분명히 있다. 하지만 쉬운 길을 굳이 어렵게 갈 필요는 없다고 본다. 여러분에게 필요한 것은 2년 공부를 반년 이하로 줄일 수 있는 공부법이다. 그리고 그렇게 절약하여 남은 시간에 다른 자기계발을 하거나 가족들과 행복하게 보내도록 하자.

■ 공부는 어차피 망각과 암기의 반복

공부를 하다 보면 특정 과목을 공부한 지 몇 주 또는 며칠이 채 안 됐는데 벌써 다 까먹었다는 느낌이 들곤 한다. 지극히 정상이다. 특히 1, 2회독 때 그런 생각이 많이 드는데 원래 그런 것이니 괜찮다. 심지어 공부를 잘한다고 자부하는 사람들조차 마찬가지다. 실제로 사람의 기억은 밑 빠진 독과 같기 때문이다.

시험공부의 과정은 반복을 통해 갈수록 실력을 쌓아서 한 번에 부을 수 있는 물의 양을 점점 늘리고 그걸 시험 직전까지 밑 빠진 독에 붓는 거라 생각하면 된다. 3, 4회독을 넘어가면서 회독속도가 비약적으로 빨라지고 과목당 공부기간이 줄어들면 점차 망각에 대한 걱정은 사라질 테니 안심해도 된다.

또한 여러분은 시험 직전까지 숙지가 덜 된 부분만을 따로 암기하기 위한 전 과목의 암기장을 만들 것이다. 그리고 그걸 하루 만에 다 볼 수 있는 상태를 만들기만 하면 공부 중간중간에 자꾸 까먹어도 충분히 합격할 수 있다. 일반적으로 시험 성적은 시험 직전 또는 당일 실력에 크게 좌우되고, 시험 당일, 딱 하루만 완성된 실력을 갖추고 있으면 되는 것이다.

■ 암기장은 언제 만들면 되는가

'까먹기-기출읽기-까먹기-기출읽기'의 회독과정을 반복하다 보면 아주 지엽적인 내용들 외에 뼈대가 되는 빈출지문들은 서서히 장기기억화가 된다. 내가 말한 대로 연필로 밑줄 친 부분들을 읽으며 장기기억화 된 부분들을 계속 지워나가는 회독 작업을 충실히 했다면 보통은 3~4회독 정도가 됐을 때, 이틀이면 한 과목의 진도를 다 나갈 정도의 실력에 도달하게 된다.

통상적으로 시험 1개월 전 정도에 이러한 경지에 오르면 딱 좋은데 이때가 바로 암기장 만들기에 딱 좋은 타이밍이다. 암기장을 만드는 데 걸리는 시간은 당연히 한 과목을 읽는 데 걸리는 시간보다 많이 걸리지만 암기장이 완성된 후 이를 읽는 데 걸리는 시간은 의외로 몇 시간이 채 걸리지 않는다.

즉 회독을 통해 장기기억으로 뼈대를 쌓은 뒤에는, 마지막까지 잘 안 외워지는 부분을 자신만의 암기장을 통해 단기기억화 하는 것이 이 공부법의 진짜 목적이라고 할 수 있다. 그리고 사실 이 공부법만 제대로 터득해도 여러분은 이 시험뿐만 아니라 웬만한 객관식 시험에 다 합격할 수 있게 될 것이다.

암기장은 반드시 스스로 만들어야 한다

간혹 다른 사람들이 정리한 것을 활용해서 공부하려는 사람들이 있다. 하지만 그래서는 진짜 자신에게 필요한 지식을 얻기가 어렵다. 다른 사람들이 정리한 것을 보고 아이디어를 벤치마킹하는 정도는 괜찮지만 전적으로 그것에 의존해 공부하는 것은 매우 좋지 않은 방법이라는 것이다.

예를 들어 어떤 지식이 정리된 표가 있다고 치자. 그 표를 만든 수험생은 표 안의 내용들을 자신이 모르는 것이나 헷갈리는 것 위주로, 오로지 자신에게 최적으로 구성했을 것이다. 그러나 그 표를 접하는 제3자 입장에서는 표 안의 내용을 이해하고 소화하는 데 생각보다 많은 시간이 걸릴 뿐더러 그 표에는 자신에게 정말 필요한 정보가 없거나 이미 암기해 불필요한 정보가 섞여 있을 가능성이 높다.

더구나 무엇보다 암기장을 시험 전날 하루 만에 다 보기 위해서는 그동안 공부하면서 자신이 미처 다 숙지하지 못한 것만 있어야 한다고 언급한바 있다. 남이 숙지하지 못한 것까지 다 보다가는 하루 만에 암기장을 완독하기 어렵게 되고, 어떻게든 암기장을 다 봐야 한다는 강박 때문에 시험 전날 잠을 제대로 못 자게 되면, 시험 당일 컨디션 난조로까지 이어져 최악의 경우 시험을 망칠 수도 있는 것이다.

따라서 암기장은 반드시 자신이 직접 만들어야 한다. 달리기도 라스트 스퍼트가 매우 중요하듯이 수험공부도 마지막이 제일 중요하다. 그 중요한 순간에 결코 다른 사람이 대신 달려주길 바라서는 안 된다.

동차에 대한 고민

1·2차를 동시에 합격하는 동차 합격에 도전하기로 결심했다면, 마음을 단단히 먹어야 한다. 시험까지 거의 하루도 빠짐없이 공부하겠다는 각오로 최대한 시간을 확보해야 함은 물론이다. 특히 직장인의 경우에는 만만치 않은 싸움이 될 수 있으니, 우선 자신이 현실적으로 공부에 투자할 수 있는 시간을 잘 따져보아야 한다.

베이스에 따라 다르겠지만 시험까지 6개월 이상 남았고, 일주일에 최소한 25~30시간 이상의 순 공부시간을 확보할 수 있는 경우에 한해 동차를 결심하라고 권하고 싶다.

무슨 일이 있어도 1차는 합격해야 한다

이 시험은 특이하게도 1차와 2차를 같은 날 치른다. 그리고 무조건 1차를 합격한 상태에서 2차를 합격해야만 최종 합격으로 인정된다. 즉 1차를 불합격한 상태에서 2차만 합격하는 것은 1, 2차 모두 불합격이라는 뜻이다.

반면 1차 시험을 합격하고 2차 시험에서 떨어지게 되면 그다음해 시험에 한해서 1차를 면제해준다. 그러므로 2차만 붙어서는 의미가 없고, 여건상 1, 2차 중 하나밖에 붙을 수 없는 상황이라면 반드시 1차를 붙어야 한다.

이 시험을 준비하기로 했다면 무슨 일이 있어도 1차는 합격해야 한다. 1차에서 떨어지게 되면 1년 농사에서 아무 것도 못 건진 꼴이 되기 때문이다.

60점 이상이면 합격이다.
버릴 것은 과감히 버려야 한다.

시험시간은 과목당 50분으로 마킹할 시간을 제외하면 1분에 한 문제 정도를 풀어야 하므로 매우 부족하게 느껴진다. 하지만 기출지문과 암기장의 수차례 반복을 통해 준비가 철저히 된 상황이라면 꼭 그렇지만은 않을 것이다. 아울러 모든 것을 맞히겠다는 욕심을 내려놓고, 일부의 어려운 문제를 과감하게 버리는 전략을 취한다면 50분은 결코 부족하지 않은 시간이다.

따라서 일부는 과감히 버려도 된다는 마인드와 몇 개까지 버릴지에 대한 전략을 가지고 시험에 임해야 한다. 실제 시험에서 제일 위험한 것은 쉬운 문제도 다 풀지 않았으면서 어려운 몇 문제를 풀기 위해 시간을 지체하는 행동이다. 쉽든 어렵든 한 문제는 2.5점으로 배점이 동일하고, 어차피 3문제 중 2문제만 맞히면 넉넉히 합격하는 시험이다. 그러니 시험 직전에는 어느 정도 버릴 것인지를 모의연습을 통해 테스트 해보는 것이 반드시 필요하다. <u>시간배분과 버리는 문제 선별 연습용으로는 동형모의고사가 좋다.</u> 참고로 동형은 실제 시험의 경향과 큰 차이가 있을 가능성이 높으니 <u>점수에는 전혀 연연할 필요가 없다.</u>

■ 오랜 잘못된 고정관념에서 탈피하라

　많은 사람들이 어릴 적에 수학문제는 끝까지 해설을 보지 않고 스스로 풀어야 한다느니, 공부는 반드시 기본서(교과서)로 해야 한다느니 하는 등의 이야기들을 들은 적이 있을 것이다.

　하지만 이런 고정관념들이 우리가 비효율적인 공부법을 익히게 된 주요 원인이 아닐지 생각해볼 때가 왔다. 과거 공부법에 대한 패러다임이 어땠을지 몰라도 지금은 공부법이 엄청나게 발전했고, 과거에 없었던 유용한 것들이 많이 생겨났다. 과거에 없던 인강이나 e북, 어플, 유튜브, 포털, 법령정보센터 등 수많은 매체나 콘텐츠들이 생겨나고, 아직도 새로운 공부법들이 연구되고 있다. 또한 시험의 특성이나 시대의 변화를 반영하듯 공부법의 대세도 점차 아웃풋 위주의 방식으로 바뀌고 있다.

　그러므로 혹시 오랫동안 잘못된 고정관념에 사로잡혀있다면 이제는 스스로를 점검하여 불필요한 것들을 바꾸고 제대로 된 공부법을 터득해 환골탈태를 이루기를 권한다.

　나 역시도 고등학교 때 중하위권이었고 대학을 무려 서른 살에 입학했음에도 그런 고정관념을 탈피하여 새로운 공부법을 터득한 결과, 행정고시(5급 공무원 시험)를 포함해 무려 8번의 공무원 시험에 합격하는 영광을 얻을 수 있었고, 공인중개사 시험 또한 직장인 초시동차로 합격할 수 있었다.

속독법?

사족 같은 이야기지만 간혹 인터넷 커뮤니티를 보면 궁금해 하시는 분들이 있어서 속독법에 대한 이야기를 조금만 하고자 한다.

결론부터 말씀드리면 계속 회독하다보면 시험 보는 데 지장 없을 정도로 충분히 지문 읽는 속도가 빨라진다. 처음엔 생소했던 지문이라도 자꾸 반복하게 되면 내용이 익숙해지고, 앞부분만 읽어도 뒤에 어떤 내용이 오게 될지 감이 오기 마련이다. 그러니 굳이 따로 속독법을 익혀야 하나 고민할 필요 없다. 이 시험은 TV에 나올 법한 속독법의 고수가 되어야만 합격할 수 있는 무시무시한 시험이 아니다.

참고로 나의 경우도 속독법이란 것을 터득하지 못했고, 책 읽는 속도가 그렇게 빠른 편도 아니다.

■ 불완전한 상태에서도 충분히 합격할 수 있다

아웃풋(기출문제) 위주의 공부, 즉 결과지향적인 공부를 충실히 하다보면 책의 모든 내용을 완전히 다 알지는 못하더라도 시험에서 충분히 합격할 수 있게 된다. 기출문제집을 회독하고 암기장을 만들어 암기하는 일련의 과정을 100% 다 소화해내지 못하더라도 무난히 합격하는 경우가 꽤 있다는 뜻이다. 그것은 결과지향적인 공부법 자체가 지닌 기본적인 효과성과 효율성이 워낙 우수하기 때문이다.

더구나 여러분이 준비하는 시험은 100점을 받아야만 합격할 수 있는 것이 아니기에 스스로를 믿고 결과지향적인 공부를 하다보면 기존에 고수하던 방법보다 여러분이 목표로 하는 합격선에 훨씬 덜 고통스럽고 빠르게 도달할 수 있게 될 것이다.

제5장

생활과 마인드

1. 일반편
2. 직장인편

01 | 일반편

수험공부의 3요소

누군가 나에게 수험공부의 3요소를 묻는다면 나는 다음과 같이 말할 것 같다.

| 공부법(50%) | + | 공부습관·생활 (25%) | + | 의지·마인드(25%) |

 핵심부터 말하자면 공부법이 반, 나머지가 반이란 소리다. 그리고 사실 이 셋은 유기적인 관계라서 공부 방법이 별로라 성적이 안 오르면 사실 의지도 꺾이고, 반대로 뛰어난 공부법을 알고 실천에 옮길 줄 아는 사람은 어떤 공부를 해도 성적이 빠르게 오를 테니 더 공부할 맛이 날 것이다.
 한편으로는 의지가 활활 타오르지 않더라도 과거부터 들인 공부습관이 사람을 계속 공부하도록 이끄는 경우도 있고, 절박하고 의지가 강할수록 공부습관이 더 좋아지는 경향도 있다. 나 역시 과거에 착실히 쌓아온 공부습관 덕에 의지가 약할 때도 꾸준히 공부를 해서 좋은 결과를 만든 적도 있고 말이다.

여하튼 공부법은 그 자체로도 중요하지만 공부의지를 더 강하게 해주고, 장기적으로 공부습관에도 좋은 영향을 미칠 수 있어 충분히 50% 정도라 말할 만하다고 본다.

규칙적인 수면과 식사

건강은 합격에 반드시 필요한 요소이다. 건강을 유지하는 방법은 다들 잘 알다시피 단순한데, 잠, 공부, 식사 등의 하루 일과를 자신에게 최적화하여 규칙적으로 생활하는 것이다. 수험 기간은 장기 레이스이기 때문에 절대 무리해서는 안 된다. 잠을 줄여서도 안 되고, 과식해서도 안 된다.

나의 경우 잠은 7시간 반~8시간 정도를 자면 최고의 컨디션을 유지할 수 있었기에 항상 이 정도 시간을 자려고 노력했고, 식사도 내 몸에 부담되지 않는 것들로만 정해서 반복해서 먹었다. 패스트푸드는 한 달에 한두 번 정도로 최대한 자제했고, 주로 한식 위주나 구내식당 음식을 먹었다.

참고로 식사할 때도 소화가 잘 되도록 반드시 꼭꼭 씹어 먹어야 한다. 대충 씹고 삼키는 사람들이 많은데 장기적으로 몸에 이상이 생길 수 있다. 나도 처음에는 음식을 20~30번 씹던 것을 점차 늘려 현재는 50번 이상 씹고 있다.

여러분들도 건강을 위해 잠과 식사는 꼭 신경을 쓰시기 바란다.

하루식사

하루식사의 경우 두 끼 먹는 사람도 있고 세 끼 먹는 사람도 있는데 스스로에게 맞게 잘 판단해서 정하도록 하자.

나는 수험기간동안 하루에 두 끼를 먹었는데, 아침을 먹지 않았다. 왜냐하면 아침밥을 먹으면 그것이 소화되는 동안 머리가 잘 돌지 않는 것 같았고, 밥을 먹고 바로 공부하면 탈이 나는 체질이었기 때문이다.

참고로 낮잠이나 쪽잠을 자는 동안에는 두뇌에서 소화호르몬이 분비된다고 하는데 그래서인지 점심이나 저녁을 먹은 뒤의 공부는 소화에 별 지장이 없었다.

낮잠과 쪽잠

포유류는 밤잠과 관계없이 낮잠을 꼭 자주어야 건강하고, 생활의 효율이 높다는 연구결과가 있다. 점심식사 후 10~30분의 낮잠이 얼마나 개운하고 이후의 공부에 도움이 되는지는 많은 수험생들이 잘 알고 있을 것이라 본다.

나는 이 낮잠도 최적화시키기 위해 노력을 했다. 보통 점심을 먹고 식곤증이 오기까지 약 1시간 정도가 걸린다고 가정하면,

점심 식사 후 1시간동안의 공부효율은 별로 좋지 않을 것이다. 그래서 나는 점심을 먹자마자 바로 책상에 눕거나 기대어 15분 정도 낮잠을 잤다. 도서관에서는 두꺼운 책의 가운데를 펴고 그것을 쿠션 삼아 잤고, 집이나 직장에서는 리클라이너 의자에 기대어 잤다.

빠르게 잠드는 법

어떻게 밥 먹고 바로 잠을 잘 수 있는가?', 혹은 '당장 잠이 오지 않는데 어떻게 잠을 자는가?'라고 반문할 수도 있어서 한 가지 팁을 적자면, 보통 잠이 잘 오지 않는 이유는 신체가 다소 활동적인 상태이거나 머릿속이 진지한 생각으로 가득 찼기 때문일 것이다. 따라서 몸을 완화된 상태로 바꾸어야 하고, 공부 등의 진지한 생각을 머릿속에서 지워야 한다.

나의 경우 평소 낮잠을 자기 위해 눈을 감은 채로 호흡을 서서히 늦추면서 긴장을 완화하고, 하늘을 날고 있거나, 끝없는 바닷속을 탐험하고 있는 등 엉뚱한 생각을 하면서 진지한 생각을 머릿속에서 지워나간다. 사람은 일반적으로 한 번에 여러 가지 일을 할 수 없는데, 마찬가지로 한 가지 생각 중에는 다른 생각을 할 수가 없다. 즉 엉뚱한 생각을 떠올리며, 진지한 생각을 머릿속에서 잠시 지워버리는 것이다. 아무튼 이 상태로 몇 분 정도가 지나면 두뇌는 서서히 잠을 잘 수 있는 상태로 신체를 인도하고 깜빡 잠이 들게 된다. 저녁쪽잠도 원리는 같고 단지 낮잠의 반 정도 시간을 자면 된다.

참고로 엎드려 자면 소화불량이 생길 수 있다고 하는데 10~20분 정도 엎드리는 것으로 큰 지장까지는 없는 것 같다. 단 1시간 이상 자게 된다면 그것은 문제가 될 수 있을 것이라 본다. 그러므로 낮잠을 잘 때는 길어도 30분을 넘지 않도록 알람을 잘 맞춰두자.

요컨대 핵심은 건강을 유지하고 공부의 효율을 올리기 위해 낮잠이나 쪽잠을 가급적 규칙적이고 효율적으로 취하라는 것이다.

아침형 인간 VS 올빼미형 인간

아침형 인간, 오후형 인간, 저녁형 인간 등 사람마다 생활 패턴이 다양하다. 나의 경우 전업 수험생일 때 새벽 2시 정도에 취침하고 아침 9~10시 정도에 기상하는 패턴으로 생활했었다. 내 최고 컨디션을 이끌어내는 데 가장 잘 맞는 시간대라고 생각했기 때문이다.

자신이 올빼미형이라면 굳이 처음부터 힘들게 아침형 인간으로 바꿀 필요 없이 현재 가장 효율적으로 공부할 수 있는 시간대와 생활패턴을 고수하는 것이 좋다고 본다.

어차피 그렇게 공부하다 <u>시험 2주 정도 전부터 하루 30분씩 일찍 잠드는 식으로 서서히 아침형 인간으로 바꿔 나가면 된다.</u>

시험 직전에 잠을 잘 못 이루는 사람은 캐모마일차나 수면보조제 등의 도움을 받는 방법도 있으니 참고하도록 하자.

전업수험생이었을 때의 나의 하루 일과

전업수험생일 때의 나는 아침형 인간은 아니었고 굳이 말하면 '늦은 오전형 인간' 정도 되었다. 남들보다 아침에 조금 늦게 일어나는 편이었기 때문이다. 거의 아침 9시~9시30분경이 돼야 일어났고, 도서관에 가면 10시~10시30분 정도가 되었다.

아침식사는 하지 않았는데, 오전에 2시간 정도 공부를 하다 12시30분경이 되면 점심식사를 한 뒤. 13시 무렵에 20분가량 낮잠을 자고 일어나 바로 오후 공부를 시작했다.

참고로 나는 당시에 7급 공무원 시험을 준비하고 있었는데, 실제 7급 시험이 치러지는 시간과 같은 시간대(10시~12시20분)에는 가급적 공부를 하는 것을 원칙으로 삼았다.

그리고 나의 오후 공부 시간대는 대략 13시30분~17시30분 무렵이었는데 이때가 하루 중에 공부가 가장 잘 될 때였다. 낮잠을 자고 일어나서 커피 한 잔을 마시면 컨디션이 최고조로 올라왔기 때문이다.

이후에는 18시30분 정도까지 저녁을 먹고 도서관에 복귀해서 10~15분 정도 쪽잠을 잔 뒤, 22~23시경에 하루의 공부 일정을 마쳤다.

참고로 귀가 후 샤워를 하고 잠에 들기 전까지 1~2시간 정도는 스트레스를 풀기 위해 개인적인 시간을 갖곤 했었다.

이처럼 나의 생활 패턴은 새벽형이나 아침형처럼 부지런한 편은 아니었지만 그렇다고 심한 올빼미형도 아니었다.

공부장소

오픈된 장소에서 공부하기를 선호하는 사람이라면 독서실 같은 칸막이형 공간이 답답할 수 있고, 반대로 칸막이 자리가 편한 사람이라면 오픈된 공간에서 다른 사람의 시선이 부담될 수 있을 것이다.

나는 공무원 수험생이던 시절, 국립대 중앙도서관이 집에서 비교적 가까웠고, 개인적으로 그런 개방형 도서관의 분위기가 편안했다.

개방형 도서관은 나태해지지 않도록 자신의 페이스를 끌어올릴 수 있는 목표 인물을 설정하고, 그 사람과 경쟁하는 느낌으로 공부할 수 있다는 장점이 있어서 특히 더 좋았던 것 같다.

도서관, 독서실, 집 등 사람마다 선호하는 공부 장소가 다르고 요즘은 스터디카페(스카)를 이용하는 사람들도 많다. 되도록 공부 초반에는 여러 장소에서 공부해보며 자신의 공부 효율을 최대로 이끌어낼 수 있는 장소가 어디인지를 잘 판단해볼 필요가 있다.

참고로 나의 경우 집 공부의 효율이 썩 좋지는 않은 편이었지만 코로나19로 인해 어쩔 수 없이 집에서 행정고시와 기사시험, 그리고 공인중개사 시험 준비를 했었다. 그러나 아무리 집에서 공부하더라도 시험 막판에는 전력을 다하게 되었고, 그 결과 다행히 위 세 가지 시험에 모두 합격할 수 있었다.

공부환경

공부하는 곳의 온도는 몸이 덥지도 춥지도 않게 느끼는 적당한 편이 좋다. 덥거나 추운 데서 참고 공부하면 몸이 빨리 피로해지고 감기 등에 걸리기도 쉽다. 공부환경에 대해서는 온도 외에도 소음, 공기의 질 등 여러 가지를 중요하게 따져봐야 한다.

또한 그밖에도 생활을 단순화해서 공부장소와 집만을 오가도록 하는 것이 좋다. 약속도 가급적 만들지 말고, 공부 외의 생활이나 모임은 모두 없애도록 하자.

최대의 효율을 이끌어내라

최대의 효율로 공부할 수 있는 아이디어를 연구해보고, 그것이 조금이라도 효과가 있을 것 같다면 스스로에 적용해보는 것을 추천한다.

우선 집중력을 최대한 높일 수 있는 환경으로 만들라. 하루 중 공부하기로 정한 시간동안에는 휴대폰을 격리하여 가족·친구와의 연락, 게임, 유튜브 등을 최대한 멀리하도록 하자. 특히 유튜브 프리미엄이나 넷플릭스 결제는 더더욱 금물이다. 또한 인강 때문에 어쩔 수 없는 상황이 아니라면 가급적 스마트폰 데이터

무제한 요금제는 사용하지 않는 것이 바람직하다고 본다. 스마트폰을 사용하지 않을 수 없는 환경이라면 '열품타' 같은 어플을 사용해서 스스로를 절제하는 것도 방법이 될 수 있다.

한편 많은 사람들의 경우 아침시간대와 낮잠을 잔 직후에 커피를 한 잔 정도 마시면 컨디션을 끌어올릴 수 있는데 몸에 잘 맞는 사람이라면 적극 활용하기 바란다. 단 커피는 밤잠에 영향을 줄 수 있으니 밤잠을 취하기 8시간 정도 전에 그날의 마지막 커피를 마시는 것이 좋다.

그밖에도 자투리 시간이나 이동시간에 볼 것을 미리 준비해두라. 나의 경우 화장실 갈 때마다 보는 교재까지 따로 마련해두었다. 여담이지만 이상하게도 화장실에서 공부를 하면 쾌변을 볼 수 있어서 더 선호했던 것 같다.

참고로 고시 준비할 때는 텍스트 읽어주기 앱(구글 플레이스토어에서 'T2S'로 검색하면 나온다)을 사용하여 출퇴근시간에 활용하기도 하였다. 지금은 더 좋은 앱이 있을지 모르니 관심 있다면 한 번 찾아보시라.

명절에도 공부

본가에서 나와 자취하고 있다면 명절에 전화 정도만 드리고 연휴 때도 평소처럼 공부하길 추천한다. 나 역시 그랬다. 한창 공무원 시험을 준비할 때 설날에도 대학교 기숙사 식당에서 밥을 먹었는데 떡국이 메뉴로 나왔다. 엄청 맛있는 정도는 아니었지만 그래도 수험생의 입장에서 나름 명절 분위기도 나고 살짝 감동도 받았던 기억이 난다.

아무튼 명절뿐 아니라 크리스마스나 집안의 특별한 행사까지도 무시하고 공부할 수 있어야 한다. 독하게 공부하면서 이런 것들까지 모두 희생할 수 있는 사람이 빨리 붙는다.

휴식시간

휴식은 보통 1시간에 10분 정도 취하는 것을 추천한다. 하지만 고도의 집중력이 필요한 공부는 30분만 해도 지치게 되는데 이런 공부를 하는 경우에는 너무 무리하지 말고 쉬는 시간을 좀 더 자주 갖는 것도 괜찮다. 힘들 때마다 적당히 쉬어주는 것이 장기적으로 건강에도 좋고, 오랜 기간을 공부할 수 있다.

시험 1개월 전부터는 강도를 높여 2~3시간에 10분 꼴로 쉬기도 하는데 예외적인 경우이고, 평소에는 공부강도에 따라 유연하게 휴식을 취하며, 건강과 체력을 잘 관리하는 것이 중요하다.

컨디션에 따른 완급 조절

　공부의 효율성을 극대화하기 위해서는 잠을 잘 자고 컨디션 관리를 잘 하는 것이 중요하지만 가끔 그것이 뜻대로 잘 안 될 때가 있다. 그럴 때는 완급조절을 해보자. 예를 들어 컨디션이 좋은 날은 어려운 파트를 공부하고, 컨디션이 안 좋은 날은 쉬운 파트나 단순 노가다성 정리 위주로 공부를 하는 것이다.
　또한 컨디션이 극도로 안 좋은 날에는 차라리 직전에 공부했던 내용을 다시 한 번 보거나 그간 공부했던 것들을 빠르게 훑어보며 복습하는 것이 나을 수도 있다.

■ 합격 유도 장치 만들기

나는 이 시험의 합격수기 중에 다른 사람의 자격증에 자신의 이름을 적고 증명사진까지 붙인 뒤 인쇄해서 벽에 붙여놓고, 공부하다 힘들 때마다 그것을 보면서 마음을 다잡곤 했다는 수기를 본 적이 있다.

실제로 이런 아이디어는 공부하기 싫을 때 조금이라도 더 책을 보게끔 유도하는 효과가 있다. 마치 자신이 합격한 것처럼 벽에 자격증까지 붙여놓았으니, 스스로 그것에 부합하는 사람이 되기 위해 더욱 노력하게 되는 것이다. 가짜 자격증을 진짜로 바꾸기 위해서 말이다.

나는 예전에 친한 지인에게 행정고시에 합격했다고 거짓말을 한 적이 있었다. 그리고 그 거짓말을 현실로 만들 수 있도록, 나의 거짓말에 책임을 질 수 있도록 더 열심히 공부했다. 그리고 얼마 지나지 않아 진짜로 행정고시에 합격할 수 있었다. 자신을 더욱 노력하게 만들고, 합격에 조금이라도 더 도움 되는 것이라면 웬만한 모든 수단을 다 써봐야 한다. 그래야 조금이라도 합격확률을 높일 수 있다.

공부 습관화 첫 단계는 책상 앞에서 오래 버티기

직장을 다니거나 원래 공부습관이 없거나 집중력이 약하고 산만한 사람이라면 일단 책상 앞에 오래 앉아 있는 습관부터 만들어야 한다. 바로 적응이 안 된다면 처음에는 그냥 책상 앞에 앉아 다른 일을 하면서라도 간간히 책을 보라.

처음에는 하루에 3시간(직장인의 경우 2시간) 정도는 책상에 앉아 생활하는 습관을 들이는 것을 목표로 하고, 타이머로 시간을 재가며 오래 앉아있기 게임을 해보라. 그리고 딴 짓을 하더라도 책상에서 하자.

나도 그렇게 공부초보 때는 책상에 앉아 오래 버티는 연습부터 하며 자신을 서서히 바꿔나갔다. 부끄러운 이야기지만 나는 어릴 적부터 20대 중반까지 워낙 공부와 담을 쌓고 지내서 그런지, 하루에 6시간 정도 책상에 앉아 있을 수 있게 될 때까지 거의 3개월은 걸렸던 거 같다.

■ 현재의 자신에게 맞는 계획을 세워야 한다

보통 사람들은 공부가 계획대로 되지 않는 이유가 목표를 실행하지 못한 자신의 의지에 있다고 생각하는 경향이 있다.

하지만 꼭 그렇지만은 않다. 오히려 목표를 잘못 세운 데 그 원인이 있는 경우가 많다. 즉 자신의 눈높이가 아닌 이미 자신보다 앞서 있는 남들의 눈높이에 맞추어 '이 정도는 해야 하지 않을까?'하는 생각으로 만든 계획이 오히려 실행하지 못한 원인임을 의외로 사람들은 잘 모르고 있다.

예컨대 과거에 공부로 성과를 낸 적이 없으며 이제 막 공부를 새로 시작한 초보단계라면, 하루에 기출문제 100개를 보는 것을 목표로 정하기보다는 우선 하루에 3시간 이상을 책상에 앉아 있는 것을 목표로 삼아야 하는 것이다. 그리고 시간이 지나 어느 정도 공부에 습관을 붙인 상태가 되면 점점 수준을 올려 자신에게 맞는 다음 계획을 세워나가면 된다.

즉 계획을 세울 때는 다른 사람의 공부량을 기준으로 삼을 게 아니라, 현재 자신의 상황을 객관적으로 파악해 그것을 기초로 세워나가야 하는 것이다.

공부 의지를 기르는 법

공부를 잘하기 위해서는 좋은 공부법과 공부에 대한 실행 의지가 둘 다 있어야 한다. 의지만 가지고 무턱대고 공부해서는 성과가 나지 않아 결국 의지가 꺾이게 되고, 그렇다고 좋은 공부법만 알고 있다고 해서 의지와 실행이 받쳐주지 않으면 좋은 결과를 만들어낼 수 없기 때문이다.

참고로 예외적으로 의지 대신 공부에 대한 습관이라도 갖추고 있다면 어느 정도 성과를 거둘 수는 있다. 하지만 그런 경우는 꽤 오랫동안 공부나 자기계발을 해온 사람에게나 해당하는 드문 케이스라고 할 수 있다.

막상 공부를 해야 한다고 마음먹고 계획을 어느 정도 세웠는데 의지가 부족해 공부가 잘 안 된다면 딱 3분만 해보자는 마인드로 공부를 시작하는 습관을 들이자. 그리고 3분이 지난 이후에는 부모님, 배우자, 자녀, 또는 이성친구 등 자신의 소중한 사람들을 생각해서라도 단 1분이라도 더, 단 한 문제라도 더 공부하겠다고 마음먹고 노력해보자.

만약 아주 심하게 의지가 부족한 경우에는 극약처방으로 평소 자신이 가장 싫어하는 직업에 몇 개월 정도 종사해보는 것도 괜찮은 방법이라고 생각한다. 그렇게 고된 경험을 하게 된 후에도 공부에 대한 강한 의지가 생겨날 수 있기 때문이다.

스스로 동기부여 하기

간혹 어떤 계기를 통해 공부를 시작하게 되는 경우가 있다. 예컨대 지인이나 직장으로부터 공부와 관련된 심한 무시를 당해 나름 큰 충격을 받은 뒤 공부를 결심하게 되는 경우 등이다. 그렇게 공부로 인해 자존심이 상하는 일을 경험하면 공부하고자 하는 의지가 더욱 불타오르게 된다.

이처럼 공부하기 싫을 때마다 그런 경험들을 떠올려보거나 다른 사람의 성공사례 영상 같은 것들을 보는 등 스스로를 위한 자극제를 만들어보자.

심지어 현재 자신이 다니고 있는 지긋지긋한 직장을 탈출하고 싶다는 마음도 하나의 동기부여가 될 수 있다.

슬럼프

공부를 하다 보면 누구에게나 슬럼프가 찾아오기 마련이다. 그리고 보통 그런 슬럼프가 생기는 이유는 주변의 다른 사람과 비교했을 때 아직 자신의 실력이 부족하다고 느끼거나 노력한 만큼 성적이 잘 오르지 않는다는 생각이 들기 때문일 것이다.

만약 슬럼프라고 느끼는 이유가 주변에서 함께 공부하는 사람들과 비교해서 현재 자신이 부족하다고 느끼기 때문이라면 그것은 큰 문제가 아닐 수도 있다. 자신과 주변사람들 간에 공부 페이스나 여건이 서로 다르기 때문에 성적이 오르는 시기도 다를 것이기 때문이다.

반면 <u>열심히 하고 있음에도 몇 주 전의 자신과 비교했을 때 실력이 전혀 오르지 않고 있다면 문제점을 찾기 위해 진지하게 고민을 해봐야 하는 것이 맞다.</u> 그럴 때는 자신이 실행 중인 공부의 절차를 여러 단계로 세밀하게 나누어 보고 어떤 부분을 수정하면 좋을지 파악해보는 과정이 필요하다. 엑셀 등에 자신이 해야 할 일을 나열해보고, 가장 시간이 적게 걸리는 것과 쉬운 것부터 해결하는 것도 나름 슬럼프 극복에 도움이 될 수 있다.

유튜브 등을 통해 여러분이 처한 상황을 극복할 수 있는 좋은 아이디어를 찾아보자. 분명 비슷한 슬럼프를 경험하고 이겨낸 사람들이 올린 유익한 영상이 있을 것이다.

사실 정체기가 왔다는 느낌이 든다는 것은 그동안 열심히 해왔다는 증거이기도 하다. 열심히 하지 않은 사람은 슬럼프도 오지 않는다. 슬럼프가 온 이유를 찾으면서도 한편으로 그간 고생한 자신을 칭찬하며 마침 좋은 기회라고 생각하고 잠시 휴식을 취하도록 하자.

■ 안정된 심리상태 만들기

　심리적으로 안정되지 못한 상태에서는 공부에 집중할 수 없다. 그런 상태에서는 아무리 책을 읽어도 글이 읽히지 않고, 이해가 되지 않아 스트레스만 받게 될 뿐이다.

　그러므로 힘든 일이 있거나 심리적인 문제로 집중할 수 없을 때는 공부를 조금 미루더라도 최대한 빨리 그 일을 해결하도록 하자. 만약 당장 해결할 수 없는 문제라면 마음의 안정이라도 찾는 것이 우선이다.

　스트레스가 심한 상황에서 계속 억지로 공부하려 하다가는 자칫 건강을 해칠 수도 있다. 따라서 정신이 심란할 때는 잠시 쉬면서 마음을 추스르고 주변을 정리하는 시간을 갖도록 하자.

■ 어느 정도의 인내는 필요하다

많은 사람들이 짧은 시간동안의 노력으로 커다란 변화와 성공을 기대하지만 실력의 상승을 위해서는 어느 정도는 기다림이 필요하다. 실력이 빠르게 오르지 않는다고 하여 좌절하지 말고, 오히려 노력하는 과정을 즐기면서 그 과정 속에서 조만간 성과를 얻을 것이라는 믿음을 갖자.

또한 그간의 실수와 실패에 대해서도 너무 연연할 필요 없다. 그저 단 하루, 딱 한 번만 좋은 성과를 얻으면 충분한 것이 바로 시험이니 말이다.

참고로 두뇌는 사람이 자고 있을 때 그 날의 지식들을 정리하고, 그 중 필요한 것들을 저장하는 과정을 통해 사람을 점점 발전시켜 나간다고 한다. 따라서 실력을 더 많이 끌어올리기 위해서는 깨어있을 때 아웃풋 위주의 방식으로 더욱 적극적으로 공부해야 하고, 자는 동안 두뇌가 이를 잘 정리하여 지식을 어느 정도 축적할 때까지 기다릴 필요가 있다.

■ 작심삼일의 위력

　사람은 기계가 아니기에 작심삼일은 자연스러운 것이다. 그리고 그것은 공부습관이 붙기 위한 과정이니, 자꾸만 작심삼일한다고 해서 낙담할 필요는 없다고 본다. 중요한 것은 그럼에도 끝까지 포기하지 않는 것이다.

　이론적으로 3일 공부하고 1일 쉬는 작심삼일을 100번 반복할 경우 400일 중 무려 300일이나 공부하는 셈이다. 나도 처음에는 작심이틀, 작심삼일을 수없이 반복했지만 갈수록 나아질 테니 끝까지 포기하지 말자는 마인드로 공부했었다. 그렇게 점차 시간이 지날수록 나의 생활 속에서 공부가 차지하는 비중은 늘어나게 되었고, 점점 생활패턴이 수험적합하게 바뀌어갔다.

　사람이 쉽게 바뀌지 않듯이 습관을 단번에 바꾸기는 어렵고, 자꾸만 계획이 틀어지는 것은 자연스러운 것이라 생각한다. 하지만 그럼에도 스스로를 둘러싼 환경을 바꿔나가며, 포기하지 않는 마음가짐으로 계속 정진하고, 그 과정을 즐기다보면 어느새 과거와 비교해 놀라운 경지에 오른 자신을 발견할 수 있게 될 것이다.

■ 공부는 타고 나는 것이 아니다

 흔히 머리 좋은 사람이 공부를 잘한다고 생각하거나, 반대로 공부 잘하는 사람은 머리가 좋다고들 말한다. 그런데 나는 꼭 그렇지는 않다고 생각한다. 실제로 대다수의 공부 잘하는 사람들은 자신도 모르는 사이에 훌륭한 공부법을 터득해 공부를 해 왔고, 그 결과 똑똑해진 경우가 많기 때문이다.

 게다가 공부 잘하는 사람들이 가진 똑똑함은 그들 스스로가 열심히 노력해서 얻은 것이지 결코 쉽게 얻어진 것이 아니기에 머리 좋아서 공부를 잘한다는 말은 그들에게도 엄연히 실례인 것이다.

 이 책을 보시는 여러분들은 공부 잘하는 사람들이 머리가 타고났다고 생각하면서 스스로 안 된다는 생각을 절대로 하지 않길 바란다. 머리의 문제가 아니다. 그간 자신에게 주어진 시간에 무엇을 어떻게 공부해야 하는지를 몰랐을 뿐이다.

 나처럼 여러분도 얼마든지 좋은 공부법과 노력을 통해 충분히 높은 경지에 오를 수 있다. 그러니 부정적인 생각이나 편견에 사로잡혀 스스로 성장할 수 있는 기회를 놓치는 일이 없었으면 한다.

■ 진짜 공부와 가짜 공부를 구별하자

진짜 공부는 혼자서 진득하게 효율적으로 하는 것이다. 오픈카톡방 같은 곳에서 문제 내고 풀고 하는 걸 진짜 공부라 착각해서는 안 된다. 공부는 빡세게 집중해서 해야지, 무슨 친목계임마냥 여유부리며 하는 것이 아니다.

실제로 단톡방에서 문제 푸는 것을 공부라 착각하며 비효율적으로 시간을 버리는 사람들이 많다. 그런 건 공부라기보다는 휴식이나 친목의 일종이라 생각하는 것이 좋다.

또한 오픈카톡방에서 괜히 다른 사람들이 낸 문제에 괜히 눈독 들이다 틀리고서는 지금 자신이 공부를 잘못하고 있다고 착각해서는 안 된다. 여러분은 시험 당일에 문제를 맞히기 위해 공부하고 있는 것이지, 지금 당장 깜짝 퀴즈를 풀기 위해 공부를 하는 것이 아니다. 그러니 흔들리지 말고, 착실히 자신이 해야 할 일을 하자.

단체 카톡방이나 인터넷 카페와 같은 온라인 커뮤니티 사이트에 들어가서 필요한 정보를 얻는 것은 좋다. 다만 그 외에는 불필요한 잡담을 줄여야 하고, <u>혼자 공부하는 시간을 최대한 확보할수록 합격 확률이 올라간다</u>는 것을 명심하자.

공부 중 잡생각 지우기

　간혹 공부하는 도중 머릿속에 무언가가 생각나서 공부에 집중하지 못하는 경우가 있다. 나는 이럴 때 메모지나 포스트잇, 스마트폰 메모장에 내가 집중하지 못하는 이유, 공부 후에 처리할 일 등 머릿속에 맴도는 생각들을 기록해두었다가 공부가 끝난 뒤 해결하곤 하였다. 답답하거나 불안한 마음이 들 때도 이와 마찬가지로 왜 그런지를 메모해두고 나서 공부에 집중하면 효과적인 것 같다.
　이처럼 공부할 때는 공부에만 집중할 수 있도록 평소 잡생각을 메모할 수 있는 환경을 만들어두는 것이 좋다고 생각한다. 참고로 만약 복잡한 생각 때문에 잠을 잘 못 이루는 경향이 있다면 잠자리 주변에 메모장을 두는 것도 나름 괜찮은 방법이라고 본다.

■ 합격에 도움이 되는 2가지 습관

합격에 도움이 되는 유용한 습관이 두 가지 있다.

우선 첫째로는 <u>지금 자신이 하고 있는 공부가 시험당일에 한 문제를 더 맞히는 데 도움이 되는지 아닌지를 항상 스스로에게 물어보는 것</u>이다. 공부는 빠짐없이 모든 강의를 들으며 진도를 충실히 나가기 위해서 하는 것도, 책을 보기 좋게 정리하기 위해서 하는 것도 아니다. 오히려 그런 것들은 자기만족을 채우기 위한 작업들일 뿐이다.

오로지 시험공부의 목적은 실전에서 문제를 더 잘 풀어내는 데 직접적으로 필요한 능력을 쌓아, 시험을 통과하기 위함이다. 따라서 자신의 공부가 이것에 부합한지를 항상 생각하면서 공부해야 한다. 만약 그렇지 않다면 지금 하고 있는 공부는 어딘가 비효율적인 상태인 것이니 꼭 합격하고 싶다면 반드시 문제점을 찾아내 고쳐야 한다.

다음으로 두 번째로는 평균적으로 자신이 하루, 그리고 일주일 동안 어느 정도 공부할 수 있는지, 그 양을 확인하면서 공부하는 것이다. 그리고 갈수록 실력이 오르면서 공부량이 얼마나 늘고 있는지도 꾸준히 체크해야 한다. 그래야만 자신이 언제쯤 합격할 만큼의 실력을 갖추게 되는지를 가늠할 수 있고, 시험까지 남은 기간 동안 가장 정확하고 효율적인 계획을 세울 수 있게 된다.

■ 시험에 대한 두려움은 그간 열심히 해왔다는 증거

시험이 다가오면 다가올수록 그간 공부하지 않은 내용에서 시험문제가 출제되지 않을까 하는 불안감이 들기 시작한다. 인생이 달린 시험인데 오죽하겠는가. 지금껏 준비한 것은 목표에 미치지 못한 것 같은데 계속 시험일은 다가오고 있고, 일주일 아니, 하루만 더 시간이 있었으면 좋겠다는 생각마저 든다.

그러나 이처럼 시험이 두렵다는 생각이 드는 것은 여러분들이 그간 잘해왔다는 증거이기에 너무 걱정하지 않아도 된다고 말하고 싶다. 오히려 그간 공부를 제대로 해오지 않았다면 시간을 더 준다고 해도 그것을 어떻게 활용할지 대책도 없을 것이고 마음도 그저 태평할 것이다.

부족한 것, 하지 못한 것들은 이제 그만 잊어도 된다. 그동안 해온 것들을 시험장에 잘 챙겨가는 것만으로도 충분히 합격선을 넘을 수 있다. 항상 강철의 마인드로 반드시 해낼 수 있을 거라는 자신감을 가지고, 시험 당일에 최대한 좋은 컨디션을 만드는 것이 여러분의 우월전략이라는 것을 잊어서는 안 된다.

시험과 이성

마음에 담아두고 있는 이성이 있다 해도 시험에 합격할 때까지는 접어두길 권한다. 원래 시험 준비할 때는 평소보다 외로움도 많이 타고, 연애도 더 하고 싶은 법이다.

그러나 이성의 마음을 사로잡는 일과 인생이 달린 시험공부는 병행하기 어렵다. 둘 다 상당한 노력을 쏟아 부어야 하고, 지속적인 유지활동이 필요하기 때문이다.

그러니 우선은 합격에만 집중하도록 하라. 공들인 이성은 도망갈 수 있지만 공들인 공부는 결코 도망가지 않는다. 명심하라.

수험기간 중 운동

20대라면 대부분 체력이 좋기 때문에 특별한 운동을 하지 않더라도 1~2년 정도는 무난히 체력이 유지될 것이다. 그러나 나이가 좀 있고, 체력이 좋지 않은 사람의 경우 어느 정도 최소한의 운동이 필요할 수 있다.

따라서 공부하는 데 방해되지 않으면서도 건강을 유지할 수 있는 적절한 수준의 운동을 선택해야 한다. 가끔 수험생 중에 매일같이 헬스장에 가거나 자주 등산을 하는 사람들이 있는데 이는 수험생에게 다소 과한 정도가 아닌가 싶다.

나의 경우 근력운동으로는 도서관 주변의 철봉을 이용해서 턱걸이를 주 2~3회 정도, 유산소 운동으로 가벼운 달리기를 주 2회 정도했었다. 그리고 매일 빠른 걸음으로 20분 정도 산책을 했으며, 그 외에도 물을 자주 마시고 화장실을 자주 가는 등 일상생활 속에서 몸을 많이 움직일 수 있도록 했다.

이처럼 적당한 운동뿐만 아니라 체력유지와 건강증진을 위해서는 숙면, 양질의 식사, 규칙적인 배변, 스트레스 관리 등이 필수이니 평소 적절한 수준으로 자기관리를 잘하도록 하자.

감기와 위생관리

수험기간동안 감기에 걸리지 않도록 특히 신경을 많이 써야 하는데, 항상 자신의 몸을 관찰하고, 몸이 안 좋은 것 같다 싶으면 더 악화되지 않도록 쉬어야 한다. 또한 손을 잘 씻고, 평소 손을 코나 입에 갖다 대는 습관이 있다면 바꿀 필요가 있다.

나의 경우 위생수칙이 매우 철저한 편인데 재채기를 하면 바로 화장실에 가서 비누로 손을 깨끗이 씻은 뒤 코와 입을 헹구었다. 휴지로 코를 푸는 것보다 물로 코와 입을 씻어내는 것이 훨씬 위생적이고, 거의 모든 재채기를 단발성으로 끝낼 수 있기 때문이다. 게다가 나는 감기기운이 조금이라도 느껴지면 무리하지 않고 휴식을 취했다.

만약 주변에 감기에 걸렸거나 코를 훌쩍거리는 사람이 있다면 최대한 멀리 피하도록 하자. 특히 시험을 앞둔 상황이라면 이런 것들에 더더욱 신경 써야 한다.

몸이 많이 아플 때

몸이 많이 아플 때는 공부보다는 치료에 전념하도록 하자. 공부를 하는 것은 생각보다 몸에 무리를 주고 스트레스가 크기 때문에 몸의 회복을 지연시킨다. 게다가 아플 때의 공부는 효율 면에서도 매우 좋지 않다.

공부에도 효율이 중요하듯이 마찬가지로 몸이 아프면 어디가 어떻게 아픈지 반드시 원인을 찾고 효율적으로 치료해야 한다. 그리고 그것이 시험 합격에도 더 도움이 된다.

잠이 잘 안 올 때

　시험 전날을 비롯해 잠이 잘 오지 않는 경우가 있다. 하지만 사람은 잠을 자지 않더라도 불 끄고 눈 감고 쉬는 것만으로도 많은 회복이 된다. 비록 깊게 잠드는 것만은 조금 못하지만 상당히 많은 에너지가 충전된다.

　잠이 안 온다고 괜히 일어나서 공부하지 말고, 그냥 계속 눈 감고 누워있도록 하자. 그리고 앞서 내가 '낮잠과 쪽잠' 파트에서 언급했던 것처럼 엉뚱한 생각을 하면서 현실의 생각들을 밀어내는 것이다. 한 다섯 번 정도 그런 시도를 하다 보면 언제 잠들었는지도 모른 채 다음날을 맞이하게 될 것이다.

스트레스 관리

　수험기간에는 상당한 스트레스를 받게 된다. 스트레스 관리를 제대로 하지 않으면 공부효율이 나빠지게 되므로 스트레스를 적절하게 해소하고, 스트레스 발생을 최소화해야 한다.

　잠을 자든지, 운동을 하든지, 영화를 보든지 각자의 방법을 통해 이러한 스트레스를 해결해야 한다. 다만 장편 드라마처럼 공부에 지장을 주는 것은 좋지 않다. 나의 경우 주로 잠으로 스트레스를 푸는 편인데 이 방법이 가장 무난하다고 생각한다.

스트레스는 가족, 연인, 친구, 지인 등 주변 사람으로부터 생기는 경우가 많고, 시험에 대한 불안감으로 인해 발생하기도 한다. 스트레스를 주는 사람이 주변에 있다면 최대한 멀리하도록 하고, 밥터디 등을 하는 경우에도 멤버들과 쓸데없는 논쟁 등으로 스트레스를 받지 않도록 주의하자.

사소한 트러블에 대한 대처

시험 공부할 때는 매우 신경이 예민해져 있고 작은 것에도 화가 날 수 있다. 하지만 지속적으로 방해가 되는 것이 아닌 한은 대부분 흘려 넘기는 것이 좋다.

또한 수험생활 중에는 자기주장이 강한 사람이나 지나치게 말이 많은 사람을 되도록 피하고, 사람들에게 기분 나쁜 이야기를 들어도 그냥 그러려니 하고 부드럽게 넘어갈 수 있어야 한다.

수험기간동안은 마치 자신이 부처님이 된 것 같은 마인드로 지내는 것이 좋다.

■ 지금 할 수 없는 일은 과감히 포기하자

만약 지금이 시험 전날 아침이고, 현재 애인과 다퉈서 감정이 상한 상황이라고 가정하자. 그렇다면 여러분은 어떻게 해야 할까? 첫 번째로는 냉정을 되찾는 일이 필요하다. 그리고 나서 남은 시간동안 암기장을 보는 일에 전력을 다해야 한다. 마지막 하루 때문에 그동안의 노력을 망치고 싶지 않다면 말이다.

평소 부정적인 감정에 무덤덤해지는 마인드 컨트롤이 시험에 꽤나 도움이 된다. 지금 당장 어쩔 수 없는 일은 노력한다고 달라지지 않으니 시간이 해결해줄 것이라고 믿고 잠시 그대로 덮어두자. 당장은 그것이 최선의 방법이니까.

그리고 여러분은 자신이 할 일을 계속 하면 된다. 지금 보기에는 심각해보이지만 시간이 지나고 나면 별 일 아닌 경우가 많았다는 것을 이미 여러분은 오랜 경험을 통해 잘 알고 있을 것이다. 그렇다면 지금 해결할 수 없는 일에 대한 생각은 잠시만 시간에게 맡겨두자. 아마도 그가 해결해줄 테니까.

나이와 두뇌

　일반적으로 사람들은 나이가 들수록 머리가 나빠진다고 생각하지만 나는 조금 다르게 생각한다. 자기계발이나 공부 같은 것들을 꾸준히 하는 사람이라면 아무리 나이를 먹어도 젊은 사람 못지않게, 아니 젊은 사람 이상으로 머리가 좋다고 본다. 내 경험상 머리는 쓰면 쓸수록 좋아지고, 안 쓸수록 나빠지는 것 같다. 체력은 나이가 들면 급격히 나빠질지 몰라도 두뇌는 꼭 그렇지는 않은 듯하다.

　나 역시도 행정고시를 마흔이 다 돼서 합격했고, 심지어 한 번 만에 붙었다. 그것은 운이 좋기도 했겠지만 그 이전에 내가 꾸준히 공부를 해온 것들이 축적되어 있었기 때문일 것이다.

　나이가 젊을수록 건강하고 체력이 좋기에 공부에 유리한 것은 맞지만 두뇌까지 그런 것은 아니니 나이에 관계없이 항상 할 수 있다는 믿음과 자신감을 갖자.

02 | 직장인편

■ 직장인 초시동차는 학원 커리큘럼으로는 거의 불가능하다

앞서 이야기 했지만 학원 강의는 쓸데없이 그 종류가 너무 많다. 입문, 기초, 기본, 심화, 기출, 요약 등 솔직히 이걸 직장 다니면서 다 할 수 있다고 생각하는가? 직장인이 학원 커리큘럼을 따라가려면 강의 듣다가 시간을 다 허비하게 되고 가장 중요한 기출문제는 아예 볼 시간도 없을 것이다.

따라서 포기할 것은 과감히 포기하고 자신에게 가장 필요한 것만을 추려서 들어야 한다. 학원에 의지하지 말고 자신에 맞게 커리큘럼을 새로 짜도록 하자. 내가 고시, 전문직, 공무원 등 웬만한 시험의 강의 커리큘럼을 다 살펴봤지만 이 정도로 학원 강의 종류가 많이 시험은 처음 본다. 공인중개사보다 훨씬 어려운 시험들도 이렇게까지 많은 강의를 들을 필요가 없는데 정말 당황스러울 정도다.

아무튼 여러분은 자기 주도적인 계획을 세워 공부를 해나가야 한다. 학원만 믿고 있다가 떨어진 사람들을 수도 없이 많이 봤다. 물론 어쩌다 붙기도 하지만 그것은 어디까지나 이 시험이 60점만 받아도 통과하는 시험이기에 가능한 것이다. 만약 공무원 시험처럼 90점 받아야 합격하는 시험이었다면 이런 방법으로는 어림도 없다.

직장인의 경우 주어진 상황에 맞게 공부계획을 세워야 한다

 일반적인 직장인의 공부시간은 일주일을 기준으로 적게는 15시간에서 많게는 35시간 정도가 될 것으로 판단된다. 이처럼 직장인의 경우 자신이 다니는 직장에 따라 확보할 수 있는 가용시간이 천차만별이고, 이는 시시때때로 달라질 수도 있다. 그러므로 자신이 직장인이라면 공부를 시작하기에 앞서, 자신이 확보할 수 있는 객관적이고 안정적인 가용시간을 검토하고, 그에 따라 동차를 준비할 것인지, 1차, 2차를 따로 노릴 것인지를 정해야 한다.

 개인적으로는 시험까지 6개월 정도가 남았고, 주 25~30시간 정도의 순 공부시간을 지속적으로 확보할 수 있는지를 기준으로 동차에 도전할 것인지를 판단하는 것이 좋지 않을까 싶다.

 그만큼 직장인에게 시험공부는 만만치 않다. 만약 어느 정도 공부할 시간을 확보하여 동차에 도전하더라도 당연히 1차에 좀 더 많은 투자를 할 수 있게끔 계획을 세워야 함은 물론이고 말이다.

직장인의 공부는 주중과 주말로 나뉜다

풀타임으로 근무하는 직장인이 주중에 공부시간을 많이 확보할 수 있다면 대략 하루 3~4시간 내외가 되지 않을까 싶다. 그렇다면 그 시간을 어떻게 활용할지를 생각해보아야 한다.

보통 퇴근 후인 저녁시간대에 비해 아침시간대가 컨디션이 좋기 때문에 아침 일찍 일어나서 2시간 정도 몰아 공부하는 것이 좋긴 하지만 여건이 안 된다면 아침에 1시간, 출퇴근 시간을 이용해서 1시간, 퇴근 후 1~2시간을 공부하는 식의 스케줄도 괜찮다고 본다. 아무쪼록 주중에는 자신의 컨디션, 생활패턴, 그리고 직장 스케줄 등을 고려하여 유연하면서도 최대한 효율적으로 공부시간을 짜도록 하자.

한편 주말은 일단 오전과 오후로 시간대를 나누고 하루에 최소 6시간 정도는 공부할 수 있도록 계획해야 한다고 본다. 6시간 정도면 체력에 무리가 가지 않으면서도 제법 많은 양을 공부할 수 있다.

그러다 시험 2개월 전에는 최소 주 30시간 이상을 공부해야 하고, 시험 전 일주일간은 가급적 휴가를 내어 전업 수험생처럼 공부하는 것을 목표로 하자.

사실 <u>직장인은 주중이든 주말이든 틈만 나면 공부해야 한다는 것을 머릿속에 늘 염두에 두고 생활해야 한다.</u>

■ 직장인 수험생에게 주말은 특히 중요하다

평일의 경우 지친 정신과 육체로 인해 높은 집중력을 요구하는 내용을 공부하기 어려울 수 있다. 그러므로 난이도가 높은 공부는 주말을 활용해서 집중적으로 하도록 하고, 평일에는 상대적으로 쉬운 부분을 학습하는 식으로 유연하게 계획을 짜는 것이 좋다.

더구나 주말은 평일보다 2배 이상의 1일 공부시간을 확보하는 것이 가능함은 물론, 평일에 비해 더욱 좋은 컨디션으로 공부할 수 있으므로 주말 공부 하루의 효과는 평일 공부 하루의 효과 대비 2배를 훨씬 넘는다고 볼 수 있다.

따라서 직장인 수험생의 입장에서는 이처럼 중요한 주말을 어떻게 활용하는가에 따라 시험의 성패가 갈린다고 봐도 과언이 아니다.

■ 직장인의 주말 일과

직장인에게 주말은 너무나 달콤하다. 하지만 그렇다고 무절제하게 불금과 불토를 즐기거나 너무 늦게 자고 늦게 일어나서는 안 된다. 적어도 오전 10시에는 공부를 시작할 수 있도록 공부일정을 세팅하여야 한다. 최소한 아침부터 점심 먹기 전까지 한 타임, 그리고 오후부터 저녁 먹기 전까지 또 한 타임의 공부시간을 확보하도록 하자.

단 시험이 임박하지 않은 상황이라면 저녁식사 이후에는 어느 정도 여가를 즐기는 것도 괜찮다. 충분한 휴식을 통해 지친 정신력과 체력을 회복해야 다시 공부에 집중할 수 있는 에너지가 생겨나기 때문이다.

한편 주말 아침에 잠자리에서 재빨리 일어나지 않고 스마트폰을 보는 등 늘어지는 사람들이 있는데, 만약 자신에게 그런 습관이 있다면 일단 눈을 뜨자마자 휴대폰을 건드리지 말고 바로 씻은 뒤 무조건 밖으로 나가도록 하자.

직장인의 공부장소

직장인의 공부장소도 평일과 주말로 나누어 생각해볼 수 있다. 주중에는 시간을 절약하기 위해 주로 집에서 공부하는 것이 효율적이고, 퇴근 후 돌아오는 길에 도서관이 있다면 들렀다가 오는 것도 괜찮다.

그리고 주말에는 도서관이나 카페, 또는 스터디카페 등 자신과 잘 맞는 장소를 택해서 공부하도록 하자. 또한 가끔 주말에 중요한 약속이 잡히는 경우가 있는데 평소 자투리 시간에 공부하는 습관을 들여놓으면 약속장소로 이동할 때 잘 활용할 수 있다.

한편 점심시간 등을 이용하여 회사에서 공부할 때는 자신이 공부한다는 사실을 가급적 들키지 않도록 신경을 쓰면서 공부하는 것이 좋다. 괜한 구설수에 오르는 것은 여러 가지로 좋지 않기 때문이다. 그래서 회사에서 공부할 때는 책보다는 스마트폰을 이용해서 몰래 인강, e북, 어플, 또는 미리 찍어놓은 기출문제 사진 등을 통해 공부하는 것을 권장한다.

자투리 시간 이용하기

출퇴근 시간은 공부하기 좋은 시간 중 하나다. 지하철이나 버스로 출퇴근하는 경우 인강을 들을 수도 있고, e북 어플을 통해 핵심정리나 기출문제집을 볼 수도 있다. 또한 도보 이동 중에는 텍스트를 읽어주는 어플을 통해서 공부하는 것도 가능하다.

한편 직장에 따라서는 점심시간도 식사를 빨리 하면 아주 잠깐의 낮잠을 취한 뒤 한 30분 정도의 공부시간을 확보할 수 있으니 가능하다면 이 역시 활용하도록 하자.

이처럼 자투리 시간은 활용하기에 따라 티끌모아 태산이 될 수 있으니, 하루일과를 적어보고 언제 어디서 자투리 시간을 확보할 수 있는지를 체크해보자.

참고로 자투리 시간에는 가능하다면 인강을 듣는 것보다는 핵심정리를 보는 것이 시간 대비 효율이 우수하다고 본다. 특히 자신이 약하다고 느끼는 과목이나 단원 위주로 빠르게 자주 읽어나가면 점수 향상에도 직결되어 매우 유익하다.

■ 피곤한 날

　직장인의 경우 야근이나 회식 등으로 인해 그 날의 저녁 공부시간을 빼앗기거나 심지어 다음날 아침 공부에까지 악영향이 미치는 경우가 생기기 마련이다.

　그러나 이런 날은 푹 쉬는 것이 좋다. 괜히 피곤한 상태에서 늦게까지 공부를 하면 향후 컨디션이나 건강에 무리가 가게 되고, 원인 모를 슬럼프가 찾아오기도 한다. 그러니 피곤한 날에는 회복하는 데에만 초점을 맞추고 푹 쉬도록 하자.

　직장인의 공부는 장기 레이스의 관점에서 지치지 않고 꾸준히 하는 것이 무엇보다 중요하다는 것을 명심하자.

■ 직장인과 주변사람들

직장인의 경우 현실적으로 가족 등 주변 사람들의 도움 없이는 공부하기 어렵다. 일정한 공부시간을 확보하기 위해서는 수험기간동안 주변 사람들에게 양해를 구해야 하기 때문이다. 그러기 위해 우선 스스로 합격에 필요한 공부시간이 어느 정도인지를 파악하고, 양해를 구해야 하는 시간을 구체적으로 정하여 주변인들을 설득해야 한다.

또한 무엇보다 여러분을 위해 희생한 주변인들을 위해서라도 반드시 합격이라는 보답으로 약속을 지켜야만 한다. 이처럼 직장인의 공부는 시간이 부족하고, 여건이 제약된 만큼 절박하다고 볼 수 있다.

■ 직장인의 승부수

직장인이고 절대적으로 시간이 부족한데 모험으로라도 어떻게든 독하게 동차 합격을 하고 싶다면 <u>틈날 때마다 핵심정리를 읽도록 하자.</u> 핵심정리는 앞서 제2장에서 설명한 바와 같이 2회 이상 출제된 지문들 위주로 읽어나가면 된다. 절대적으로 시간이 없는 경우를 가정한 관계로, 단원별 기출문제집 대신에 회차별 기출문제집을 활용한 방식을 소개한다.

참고로 언제 어디서나 볼 수 있는 핵심정리가 중심이 되는 공부 방법이기에 직장인을 위한 승부수라고 제목을 적었지만 <u>시간이 별로 없는 전업수험생의 경우에도 당연히 유효한</u> 방법이다.

구체적인 방법

일단 <u>핵심정리로 전 과목을 1회독하고, 2회독 때는 1회독 때와 똑같은 방식으로 읽되, 한 과목을 마칠 때마다 해당 과목의 회차별 기출문제를 2회분 정도 푼다.</u>

이때는 실제 시험처럼 시간을 재고 푸는데 가급적 가장 최신 회차부터 풀도록 하자. 시험의 최근 경향에 익숙해지기 위해서다. 다 풀고 채점한 뒤 <u>틀린 문제의 경우 왜 틀렸는지를 검토하여 암기가 덜 된 지문을 바로 암기장에 적어 놓는다.</u>

3회독 이후의 공부요령은 딱 한 가지만 제외하고 2회독 때와 동일하다. 핵심정리에서 더 이상 안 봐도 될 것 같은 지문을 e북 형광펜 기능을 이용해 빨간색이나 보라색 등의 어둡고 진한 색깔로 표시하면서 회독하는 것이다. 일종의 삭제작업이다. 그 외에는 기존 회독과 마찬가지로 핵심정리 한 과목을 완독할 때마다 그 과목 회차별 기출문제 중 아직 풀지 않은 최신 것을 2회분씩 푼 뒤 틀린 문제의 암기가 덜 된 지문을 암기장에 추가로 적는다. 이렇게 반복하다 시험 직전에는 핵심정리에서 형광펜 표시가 안 된 부분과 그간 누적된 암기장을 읽으면 된다.

이 방법은 시험까지 겨우 1~2개월 남았는데 그제서야 그 과목의 공부를 시작하는 경우 등 정말 극도로 시간이 없을 때만 사용하기를 권한다. 참고로 이는 내가 공무원 시험을 준비할 때 일부 과목에서 사용했던 방법이기도 하다.(참고로 공무원 시험에도 반달문에서 출간한 핵심정리가 있다.)

이 방법은 정공법과의 조합도 가능하다

이 방법은 제대로 사용하면 실력과 점수가 매우 빠르게 올라가지만, 실행 난도가 꽤 높은데다가 자칫 시행착오를 겪을 수 있어 주어진 시간이 넉넉한 경우에는 추천하지는 않는다.

다만 1차를 공부하기에는 시간이 충분하나, 동차까지 노리기에는 시간이 부족한 사람들이 있을 수 있다. 이에 해당하는 경우 1차 과목은 제2장에서 설명한 강의기출법이나 핵심기출법을 통해 안전하게 공부하고, 2차 과목은 이 방법으로 공부하는 전략을 세울 수 있다.

시행착오 없이 제대로 실행하고 운까지 따라준다면 분명 동차합격이 가능할 것이다.

뿐만 아니라 어려운 객관식 시험에 합격해본 경험이나 공부로 어느 정도 성취를 이룬 경험이 있는 사람의 경우에도 이와 동일·유사한 방법을 자신에게 맞게 잘 활용하면 단기간에 좋은 결과를 낼 수 있을 것이라 본다.

제6장

막판 점검과 시험장 전략

막판 점검

평소 공부를 하던 곳과 시험장은 완전히 분위기가 다르다. 그러므로 막판에서 실제 시험장과 유사한 곳이나 지금 공부하는 곳과 전혀 다른 분위기의 장소에서 시험을 치르는 연습을 해볼 필요가 있다.

낮밤이 바뀐 사람도 2주 정도 전부터는 실제 시험과 동일한 생활리듬으로 바꾸는 노력을 하는 것이 좋다.

심지어 시험 직전에는 식사 종류까지도 중요하다. 평소에 무엇을 먹으면 속이 편한지를 시험해보는 것이 좋고, 시험 일주일 전부터 시험일까지는 조금 질리더라도 속편한 음식 위주로 계속 먹는 것이 안전하다.

시험 하루 전에는 자신이 정리한 전 과목 암기장을 빠른 속도로 읽으며, 그간 자신이 완벽히 외우지 못했던 것들을 최대한 암기하는 것이 최고의 마무리 전략이다. 시험 당일에 자신의 약점을 최대한 극복한 상태로 시험을 치를 수 있는지 없는지는 평균점수 5~10점을 좌우할 정도로 크기 때문이다.

마지막으로 시험 전날에는 잠을 잘 자야 한다. 밤 10시 정도가 되면 설사 암기장을 다 보지 못했어도 책을 덮고 다음날 준비물을 잘 챙겼는지 확인하고 잠자리에 들도록 하자. 시험 전날 잠을 잘 자고 못 자고는 시험 당일의 컨디션에 큰 영향을 주어 이 역시 평균 5점 정도를 좌우한다. 잠을 잘 자면 전체 문제 푸는 속도도 빨라지고, 처음 보는 유형이나 모르는 문제를 만났을 때에도 최선의 판단을 할 수 있게 된다.

1차 시험

1차 시험은 오전 9시 30분부터 11시 10분까지 100분간 부동산학개론과 민법 두 과목을 동시에 치른다. 학개론과 민법 모두 시간이 많이 걸리는 과목들이기에 시간관리가 필요하다. 그러므로 평소에 두 과목을 같이 푸는 연습을 해두는 것이 좋다. 당연히 연습 때는 버릴 문제를 선별하는 작업도 병행해야 한다.

특히 민법의 경우 지문이 길거나 갑을(甲乙) 관계를 잘 따져봐야 하는 사례형 문제가 시간을 많이 잡아먹으므로 부동산학개론에서 시간을 최대한 확보해야 한다. 계산문제는 검산할 시간이 없으니 풀었으면 돌아보지 말고 넘어간다. 그러므로 시험 직전에 계산문제를 꼼꼼하고 정확히 푸는 연습을 해서 최대한 실수를 줄여야 한다. 어려운 계산문제는 아예 건드리지 않도록 하고, 쉬운 계산문제도 일단은 나중에 푸는 것이 좋다.

나의 경우 전체적으로 쉽고 빠르게 해결할 수 있는 문제들부터 먼저 다 풀고, 그 다음으로 민법 사례형 문제, 마지막으로 학개론 계산문제를 해결하는 순서로 진행하였다.

점심시간

점심시간은 1차 시험이 끝난 11시 10분부터 2차 시험이 시작하는 13시까지 총 110분이 주어진다. 점심시간을 어떻게 보내는지에 따라 오후에 보는 2차 시험의 결과가 크게 달라질 수 있으므로 사전에 전략을 잘 짜놔야 한다.

1차 시험이 끝나고 나면 머릿속이 하얗게 되고 자신의 점수가 궁금하며 온갖 잡생각이 들 수 있다. 그래서 자신의 시험지를 가답안과 맞춰보거나 지인들과 잡담을 하기도 하는데 이는 절대로 하지 말아야 할 행동들이다. 후회를 남기고 싶지 않다면 점심시간 이후부터는 1차 시험에 대한 미련을 완전히 버리고, 바로 2차 시험을 위한 최적의 행동을 해야 한다.

오후 컨디션을 위해 가급적 점심은 가볍게 먹고, 평소처럼 살짝 낮잠을 취한 뒤, 남은 시간동안 2차 1교시 과목들의 암기장을 보는 것이 좋다.

나는 일반적으로 오후까지 시험을 치르는 경우 점심식사로 견과류와 물 정도만 가볍게 먹는 편이다. 그리고 반드시 낮잠을 자거나 잠이 안 오는 경우라도 눈 감고 15분 정도를 쉰다. 시험이 아직 남았는데 어떻게 잠을 자냐고 반문하는 사람이 있을 것이다. 그러나 내 경험상 낮잠을 자는 경우 오후 컨디션이 크게 좋아져 낮잠을 자지 않았을 때보다 어려운 문제를 더 잘 해결하고, 전반적으로 문제 푸는 속도가 빨라지며, 그동안 공부한 것들이 더 잘 기억나는 등의 효과가 있었다.

2차 시험 1교시

2차 시험 1교시는 13시부터 14시 40분까지 100분간으로 중개사법과 공법을 치른다. 2차 1교시 때는 다행히 중개사법이 있고 전체적으로 시간을 오래 잡아먹는 문제유형이 적어, 1차 시험 때보다는 비교적 시간 압박이 덜한 편이다. 그렇기에 평소 중개사법을 30분 내외로 풀고 나머지 시간동안 공법을 푸는 식의 전략을 짜두면 좋다.

2차 시험 2교시

마지막 교시는 공시세법이다. 2차 2교시는 40문제 50분으로 지난 교시들에 비해 체력이 덜 들고 시간적 압박도 덜하다. 하지만 마지막 시간인 만큼 정신력과 체력이 많이 고갈된 상태일 가능성이 높다. 그러므로 2차 1교시가 끝난 이후에는 눈을 감고 5분 정도 명상을 한 뒤, 에너지 회복용으로 미리 준비해둔 캔커피 등을 마셔주면 좋다. 마지막 교시인 만큼 남은 에너지를 다 쏟아 최후의 1분 1초까지 전력을 다한다는 자세로 임하자.

시험장 모의연습과 문제풀이 전략

 시험 직전에는 시간을 재고 문제를 푸는 모의연습을 통해 실제 시험장에서 어떻게 시간을 안배하고 문제를 풀지 사전에 연습해보는 것이 필요하다. 자신이 <u>쉽게 풀 수 있는 모든 문제를 해결한 뒤, 어려운 문제를 풀어야 하는 것은 기본 중의 기본이고</u> 반드시 습관에 배어 있어야 한다.

 또한 쉬운 문제를 먼저 풀고, 어려운 문제를 일단 넘어갈 때에도 혹시 모르니 가답안이라도 체크해두고 넘어가는 것이 좋다. 쉬운 문제를 다 풀고 다시 돌아왔을 때 어려운 문제를 풀 시간이 없을 수도 있기 때문이다. 단 가답안을 체크할 때는 그것이 가답안인지 최종답안인지를 나중에 다시 볼 때 구별할 수 있게끔 표시해두어야 한다. 다음 그림은 가답안과 최종답안을 표시하는 방법에 대한 예시이다.

가답안 표시 예	최종답안 표시 예
문 9. 甲이 자신의 부동산을 乙에 산을 매수하여 소유권이전등기를 ① 甲·丙 사이의 매매계약은 무효 ② 乙은 丙에게 소유권이전등기 ③ 乙은 甲을 대위하여 丙에게 소 ✓④ 丙으로부터 그 부동산을 전득 ⑤ 乙은 甲·丙 사이의 매매계약0	문 9. 甲이 자신의 부동산을 乙에 산을 매수하여 소유권이전등기를 ① 甲·丙 사이의 매매계약은 무효(② 乙은 丙에게 소유권이전등기를 ③ 乙은 甲을 대위하여 丙에게 소: ④ 丙으로부터 그 부동산을 전득한 ⑤ 乙은 甲·丙 사이의 매매계약에

시험문제 푸는 요령과 찍는 방법

시험문제는 특별한 이유가 없으면 순서대로 풀되, 잘 모르거나 조금이라도 시간이 많이 걸릴 것 같다고 판단되는 문제는 자신만의 표시를 해두고 넘어가도록 하자.

나의 경우에는 다음 그림처럼 잘 모르는 문제나 시간이 걸릴 것 같은 문제의 번호 옆에 ─표시를 해두고 일단 넘어간 뒤, 나중에 돌아와 해결하면 │표시를 추가해 ╋모양이 되도록 만들었다. 참고로 해결한 문제에 │표시를 추가하는 이유는 아직 풀지 않은 문제와의 혼동을 방지하기 위함이다.

[예시] 시간이 걸릴 것 같은 문제에 ─표시하고 넘어가기

문 4. 어떤 부동산에 대한 수요 및 공급함수가 각각 $Q_{d1}=900-P$, $Q_s=2P$ 이다. 소득증가로 수요함수가 $Q_{d2}=1200-P$ 로 변한다면 균형가격과 균형거래량은 어떻게 변하는가? [여기서 P는 가격(단위: 만원), Q_{d1}과 Q_{d2}

[예시] 문제를 해결한 뒤에 │표시 추가

문 4. 어떤 부동산에 대한 수요 및 공급함수가 각각 $Q_{d1}=900-P$, $Q_s=2P$ 이다. 소득증가로 수요함수가 $Q_{d2}=1200-P$ 로 변한다면 균형가격과 균형거래량은 어떻게 변하는가? [여기서 P는 가격(단위: 만원), Q_{d1}과 Q_{d2}

쉽든 어렵든 모든 문제의 배점은 2.5점으로 동일하다. 따라서 쉬운 문제부터 먼저 다 푸는 것이 현명한 것이다. 모르는 문제를 몇 분이고 잡고 있으면 큰일 난다. 그리고 그런 문제는 오래 투자한다고 맞힐 거라는 보장도 없고, 어려운 문제를 맞혔다고 알아주는 사람은 아무도 없다. 초반부터 어려운 문제를 잘못 건드리는 바람에 시간이 부족해 초조해지면 결국 쉬운 문제를 제대로 못 풀어 시험 전체를 망치게 되니 주의 또 주의해야 한다.

현명하게 찍는 법

도저히 풀 수 없는 문제는 1차 마킹 때 제일 적게 마킹한 번호로 찍되, 만약 정답 후보를 2~3개까지 좁힐 수 있다면 그 중에서 가장 적게 마킹한 번호로 찍으면 된다. 이 시험은 각 선지별로 거의 균일하게 정답 번호를 배분하기 때문이다. 즉 40문제 중 1~5번 각 번호별로 7~9개 정도씩의 정답이 분포돼 있다고 보면 된다.

아울러 선지를 슬쩍 보고 반드시, 항상, 모든, 언제나 등의 단정적인 단어가 들어간 선지는 틀린 선지일 가능성이 높으니 이런 것도 고려해서 찍도록 하자.

또한 풀었다가 답을 바꾼 문제는 특별히 합리적인 근거가 없는 한, 처음 고른 선지가 답이 되는 경우가 많다. 그 이유는 언젠가 한 번 본 적이 있는 지식을 우리의 두뇌가 어렴풋이나마 기억하고 있기 때문이라고 한다.

실수를 방지하는 요령

시험 때 간혹 틀린 것을 고르는 문제인데 착각해서 맞는 것을 체크하고 틀린다든지, 반대로 맞는 것을 고르는 문제에서 틀린 문장을 골라서 틀리는 등의 실수를 하는 경우가 있을 것이다.

이런 실수를 방지하기 위해 옳은 것을 고르는 문제라면 문제번호 옆에 O표시, 틀린 것을 고르는 문제의 경우 문제번호 옆에 X표시를 먼저 해두고 문제를 푸는 습관을 들이는 것이 좋다. 간단히 다음 그림들처럼 표시하면 된다.

[예시] 옳은 것을 고르는 문제의 문제번호 옆에 O표시

○ 문 5. 甲은 그의 X토지를 내심의 의사와는 달리 乙에게 기부하고, 乙 앞으로 이전등기를 마쳤다. 甲·乙 사이의 법률관계에 관한 설명으로 옳은 것은? (2012)

[예시] 틀린 것을 고르는 문제의 문제번호 옆에 X표시

X 문 9. 甲이 자신의 부동산을 乙에게 매도하였는데, 그 사실을 잘 아는 丙이 甲의 배임행위에 적극가담하여 그 부동산을 매수하여 소유권이전등기를 받은 경우에 관한 설명으로 틀린 것은? (다툼이 있으면 판례에 의함) (2014)

소거법

확실하게 아는 문제라면 단번에 답을 고를 수 있지만 그렇지 않은 경우에는 일반적으로 소거법을 이용해서 문제를 푸는 것이 좋다. 예컨대 옳은 것을 찾는 문제라면 틀린 선지를 하나씩 제거하면서, 틀린 것을 찾는 문제라면 올바른 선지를 하나씩 제거하면서 답을 찾는 것이다.

소거법을 활용하면 확실히 답을 알지 못하는 경우라도 5개의 선지 중에 4개를 알면 문제를 풀 수 있고, 3개 정도를 알더라도 맞힐 확률을 50% 이상으로 만들 수 있다. 확률을 50% 이상으로 만든 뒤에는 단정적 표현이 들어간 문장, 뭔가 어색한 느낌의 문장, 숫자가 들어있는 문장에서 숫자 등을 의심해본 뒤 최종적으로 정답을 선택하자.

소거법의 업그레이드

소거법을 제대로 활용하려면 선택지 옆에 ○△X 표시를 하는 습관을 들이면 좋다. 이 방법을 사용하면 아리송한 문제를 만났을 때 확실한 선택지는 다시 안 읽어봐도 되어 문제 푸는 시간이 절약됨과 동시에 답을 맞힐 확률도 올라가기 때문이다.

옳은 선지 옆에는 O, 틀린 선지 옆에는 X, 애매한 선지 옆에는 △로 표시하면 된다. 애매한 지문이 여러 개 있을 경우에는 △의 크기를 다르게 표시해서 문제를 푸는 것이 나름 도움이 된다.

구체적으로 이해를 돕기 위해 다음 그림을 참고하자.

[예시] 틀린 것을 고르는 문제에 O△X 표시

X 문 9. 甲이 자신의 부동산을 乙에게 매도하였는데, 그 사실을 잘 아는 丙이 甲의 배임행위에 적극가담하여 그 부동산을 매수하여 소유권이전등기를 받은 경우에 관한 설명으로 틀린 것은? (다툼이 있으면 판례에 의함) (2014)
O ① 甲·丙 사이의 매매계약은 무효이다.
O ② 乙은 丙에게 소유권이전등기를 청구할 수 없다.
O ③ 乙은 甲을 대위하여 丙에게 소유권이전등기의 말소를 청구할 수 있다.
△ ④ 丙으로부터 그 부동산을 전득한 丁이 선의이면 소유권을 취득한다.
△ ⑤ 乙은 甲·丙 사이의 매매계약에 대하여 채권자취소권을 행사할 수 없다.

틀린 것을 고르는 문제이므로 실수를 방지하기 위해 기본적으로 문제번호 옆에 X표시를 했고, 1, 2, 3번 선택지는 확실히 O라는 것을 알고 있으며, 4번과 5번이 헷갈리는 경우를 가정하였다. 이때 헷갈리는 지문인 4, 5번 옆에 한 △표시는 스스로의 감으로 판단할 때 O에 가깝다면 크게 표시하고, X에 가깝다면 작게 표시하면 된다. 여기서는 <u>틀린 것을 골라야 하므로 작은 △인 4번을 답으로 선택한</u> 것이다.

조금 더 이해를 돕기 위해 이번에는 옳은 것을 고르는 문제에 대한 예시를 들었다. 다음 그림을 살펴보자.

[예시] 옳은 것을 고르는 문제에 ○△X 표시

○ 문 5. 甲은 그의 X토지를 내심의 의사와는 달리 乙에게 기부하고, 乙 앞으로 이전등기를 마쳤다. 甲·乙 사이의 법률관계에 관한 설명으로 옳은 것은? (2012)

X ① 甲의 의사표시는 무효이므로, 乙이 甲의 진의를 몰랐더라도 X토지의 소유권을 취득할 수 없다.

X ② 甲의 의사표시는 단독행위이므로 비진의표시에 관한 법리가 적용되지 않는다.

△ ③ 甲의 진의에 대한 乙의 악의가 증명되어 X토지의 소유권이 甲에게 회복되면, 乙은 甲에게 그로 인한 손해배상을 청구할 수 있다.

△ ④ 乙이 통상인의 주의만 기울였어도 甲의 진의를 알 수 있었다면, 乙은 X토지의 소유권을 취득할 수 없다.

X ⑤ 乙로부터 X토지를 매수하여 이전등기를 경료한 丙이 甲의 진의를 몰랐더라도 X토지의 소유권은 여전히 甲에게 있다.

옳은 것을 고르는 문제이므로 실수를 방지하기 위해 기본적으로 문제번호 옆에 O표시를 했고, 1, 2, 5번 선택지는 확실히 X라는 것을 알고 있으며, 3번과 4번이 헷갈리는 경우를 가정하였다. 마찬가지로 △표시는 스스로의 감으로 판단할 때 O에 가깝다면 크게, X에 가깝다면 작게 표시하면 된다. 여기서는 <u>옳은 것을 골라야 하므로 큰 △인 4번을 답으로 선택하였다.</u>

박스형 문제 푸는 요령

박스형 문제는 ㄱㄴㄷㄹ에 해당하는 지문들이 박스형 보기에 들어있고, 선택지는 ㄱ, ㄱㄷ, ㄱㄴㄹ 등으로 구성된 문제를 말한다. 이런 문제를 풀 때는 일단 선택지에 ㄱ, ㄴ, ㄷ, ㄹ이 각각 몇 개인지를 살펴보고, 먼저 어떤 조합이 답이 될 가능성이 높은지를 판단해보는 것이 유리하다. 다음 그림을 보자.

[예시] 박스형 문제를 효율적으로 푸는 요령

문 11. 甲은 토지거래허가구역 내 자신의 토지를 乙에게 매도하였고 곧 토지거래허가를 받기로 하였다. 다음 설명 중 옳은 것을 모두 고른 것은?(다툼이 있으면 판례에 따름) (2015)

ㄱ. 甲과 乙은 토지거래허가신청절차에 협력할 의무가 있다.
ㄴ. 甲은 계약상 채무불이행을 이유로 계약을 해제할 수 있다.
ㄷ. 계약이 현재 유동적 무효 상태라는 이유로 乙은 이미 지급한 계약금 등을 부당이득으로 반환청구할 수 있다.
ㄹ. 乙은 토지거래허가가 있을 것을 조건으로 하여 甲을 상대로 소유권이전등기절차의 이행을 청구할 수 없다.

① ㄱ, ㄹ
② ㄱ, ㄷ
③ ㄱ, ㄹ
④ ㄴ, ㄷ
⑤ ㄷ, ㄹ

이 문제는 옳은 것을 고르는 문제이고, 보기 지문은 ㉠이 3개, ㉡이 3개, ㉢이 2개, ㉣이 3개로 구성되어 있다. 따라서 혹시 찍을 때를 대비해 ㉢은 틀렸을 가능성이 높다는 가설을 세워보는 것도 괜찮다.

현재 ㉠과 ㉡, 두 개의 보기 지문을 읽어본 결과, ㉠은 맞고, ㉡은 틀렸다고 판단한 상태이다. 그럼 ㉡이 들어간 1, 4, 5번을 답에서 제외할 수 있고, 이제 2, 3번이 남게 되는데 이제 ㉢과 ㉣ 중 자신에게 편한 지문 하나만 더 읽어서 답을 결정하면 된다.

이처럼 일반적으로 이런 박스형 문제는 모든 보기 지문을 다 읽지 않도록 선택지를 먼저 보고 풀어야 시간을 절약할 수 있다.

만약 이 문제에서 ㉢과 ㉣ 지문을 둘 다 모를 경우, 앞서 ㉢이 2개로 선택지에 포함된 개수가 가장 적었으므로 3번을 정답으로 체크하는 것도 나름의 찍는 요령이 될 수 있다.

마킹 연습

　마킹 타이밍은 평소 연습을 통해 자신에 맞게 정해두면 좋다. 한 과목이 끝날 때마다 마킹하는 방법, 끝나기 20분이나 30분 정도 전에 시간을 정해두고 하는 방법, 쉬운 문제를 먼저 다 푼 다음에 1차 마킹을 하고 나머지 문제를 풀 때마다 추가로 마킹하는 방법 등이 있다.

　마킹할 때는 밀리지 않도록 5개씩 마킹하는 것이 좋은데, 만약 아직 안 푼 문제가 있을 경우에는 주의해서 마킹해야 한다. 예를 들어 1, 2, 3, 5번 문제는 풀었고, 아직 4번 문제를 풀지 못한 상황에서 1, 2, 3, 5번 문제의 답을 각각 3, 2, 4, 1번으로 풀었다고 가정하자. 이럴 때는 3, 2, 4, 응, 1 이런 식으로 5개씩 리듬을 타면서 4번의 자리를 비워놓고 마킹해야 답안지가 밀리는 실수를 방지할 수 있다.

　시험 전 모의 테스트를 할 때 반드시 마킹연습도 같이 하면서 자신에게 가장 잘 맞는 방법을 찾아보도록 하자.

시험 도중 집중력이 흐트러질 때

   시험문제를 풀다 잡생각이 들거나 집중력이 흐트러지는 경우가 있다. 그런 경우 일단 지금까지 풀었던 문제를 답안지에 마킹하면서 머릿속을 비우도록 하자. 그리고는 심호흡을 크게 한 번 하고, 다시 나머지 문제를 풀어나간다.

   만약 다 풀고 시간이 조금 남았다고 해서 멍하니 있거나 엎드려 쉬지 말고, 어려웠거나 헷갈렸던 문제를 다시 한 번 살펴보자. 물론 처음 찍은 것이 답이 될 확률도 있으므로 합리적인 근거가 없다면 답을 고치지 말되, 시험시간 종료 전까지 시험지와 펜을 손에서 놓지 않고, 끝까지 집중력을 유지하도록 해야 한다. 한두 문제에서 당락이 결정될 수 있는 것이 바로 시험이다.

시험장 준비물

시험장에 필수적으로 가져가야 할 신분증, 수험표, 컴퓨터용 수성사인펜 외에도 시험장에 가져가면 좋은 것들을 선별해보았다.

1. 계산기

부동산학개론 계산문제를 빠르게 풀기 위해 계산기를 가져가야 한다. 공학용 계산기는 기사시험에서 허용되는 모델에 한해서 소지 가능하지만 이 시험의 경우 소위 쌀집 계산기로도 충분하다. 사전에 계산기를 다루는 것에 충분히 익숙해지도록 하자.

2. 필기도구

필기도구는 잘 나오는지 시험 전에 미리 점검해두어야 한다. 답안 마킹을 위한 컴퓨터용 사인펜을 2개 이상 챙겨가고, 평소 자신이 시험지에 필기하는 샤프펜이나 볼펜을 가져가면 된다. 특히 컴퓨터용 사인펜의 경우 1~2분이라도 시간을 더 확보할 수 있도록 한 번 누를 때 마킹란이 가득 채워질 수 있는 것을 준비해두는 게 좋다. 나의 경우 원형으로 뭉뚝하게 생긴 사인펜을 주로 쓰는 편이다.

3. 수정테이프

이것도 은근히 중요하다. 시험장에서 마킹을 서두르다보면 밀리거나 실수를 할 수 있는데, 이때 답안지를 교체하면 시간이 오래 걸린다. 그러므로 마킹 연습할 때 수정테이프를 사용하는 연습도 꼭 하도록 하고, 가급적이면 잘 나오는 것으로 2개 챙겨가자.

4. 손목시계

아날로그 손목시계는 은근히 시험에 도움이 된다. 시험장의 시계 유무에 관계없이 손목시계가 있으면 고개를 돌리지 않고도 시간을 확인할 수 있다. 시험장에 있는 시계를 보기 위해 고개를 들었다 내리는 것만으로도 집중력이 흐트러질 수 있으므로 손목시계를 꼭 가져가자.

5. 간식거리와 생수

초콜릿이나 사탕은 긴장완화와 더불어 당 보충을 통한 두뇌 회전에도 도움이 되니 평소에 자신이 좋아하는 제품들로 선별하여 시험장에 가져가도록 하자. 또한 오후 시험을 잘 치르기 위해 캔 커피와 영양제 드링크도 준비하는 것이 좋다. 1차 시험과 2차 시험 1교시는 100분으로 꽤 긴 시간이다. 소변이 마려우면 시험에 지장을 줄 수 있으니 생수는 목만 축인다고 생각하고 너무 많이 마시지 않도록 주의하자. 시험 직전에는 화장실을 꼭 다녀오도록 한다.

6. 귀마개

시험장에 따라서는 귀마개가 필요할 수 있다. 시험장이 시끄러운 환경일 수도 있고, 다른 응시생이 시험 도중 시끄럽게 할 수도 있다. 혹시 모르니 챙겨가도록 하자.

■ 마치며

　이 책은 학창시절 공부를 잘 하지 못했던 사람들도 가능한 한 소화할 수 있도록 복잡하지 않으면서도 효율적인 공부 방법을 제시하는 것을 목적으로 삼았다. 또한 기존의 다른 수험 지침서들과는 달리 공부법을 실행하는 과정을 최대한 구체적으로 설명하기 위해 노력하였다. 그럼에도 만약 읽으면서 이해 안 가는 점이 있다면, 반복해서 읽어보거나 네이버 카페(https://cafe.naver.com/hg4b) 질문게시판에 문의하기 바란다. 위 네이버 현공법 카페에는 그간 본서를 통해 합격한 수험생들의 합격수기도 있으니 꼭 참고했으면 한다.

　이 책의 공부법은 비단 공인중개사 시험에서만 활용할 수 있는 것이 아니다. 특히 강의기출법과 핵심기출법은 조건만 맞으면 공무원 시험이나 다른 자격증 시험의 여러 과목들에서도 충분히 활용과 응용이 가능하니 이 두 공부법에 대해 설명한 제2장은 완벽히 자신의 것이 될 때까지 여러 번 정독하기 바란다. 또한 그 외에도 이 책에서 언급하는 사항들 중 자신에게 도움이 될 만한 부분들은 최대한 숙지하기를 권한다.

　한편 사족이지만 언급하고 싶은 것이 있다. 나는 국토교통부에서 근무 중인 공무원이고, 공인중개사 시험은 국토부에서 주관하는 자격시험이다. 그래서 혹자는 내가 국토부에서 근무하고 있는 특수성으로 인해 남들보다 이 시험에 쉽게 합격할 수 있었던 게 아니냐고 질문할 수도 있다. 하지만 내가 이 시험에 응시한 것은 국토부에 들어가기 이전이었다. 그렇기에 내가 국토부의 법체계를 잘 알아서 이 시험에 유리했다는 것은 틀린 생각이다. 오히려 나는 이 시험을 합격한 후에 국토부에 들어가서 국토부의 각종 법체계를 제대로 깨닫기 시작했고, 이를 통해 이 책의 독자들에게 더 나은 공부 방법을 제시하는 데 도움을 얻을 수 있었다. 또한 내가 합격한 행정고시 직렬의 과목은 공인중개사 시험과목과 전혀 겹치지 않는다. 괜한 오해를 피하기 위해 이 점들을 분명히 밝힌다.

아무쪼록 이 책을 읽는 여러분이 이 시험에 합격함은 물론, 스스로가 무엇이든 해낼 수 있는 사람이라는 깨달음과 자신감을 얻고, 앞으로의 인생에 더 큰 성과를 거둘 수 있길 바라는 간절한 마음을 전하며, 내 인생의 첫 번째 책을 마치고자 한다.

초판 1쇄 발행 2022년 07월 05일
2쇄 발행 2022년 08월 31일
3쇄 발행 2023년 03월 24일
4쇄 발행 2024년 02월 28일
개정 1쇄 발행 2025년 03월 20일

편저 신동민
발행인 공태현 **발행처** (주)법률저널
등록일자 2008년 9월 26일 **등록번호** 제15-605호
주소 151-862 서울 관악구 복은4길 50 (서림동 120-32)
대표전화 02)874-1144 **팩스** 02)876-4312
홈페이지 www.lec.co.kr
ISBN 979-11-7384-001-2 (13360)
정가 16,800원